历史是最好的老师

嘉伟 / 编著

时事出版社
北京

图书在版编目（CIP）数据

历史是最好的老师 / 嘉伟编著 . —北京：时事出版社，2021.2

ISBN 978-7-5195-0400-7

Ⅰ . ①历… Ⅱ . ①嘉… Ⅲ . ①中国历史 – 通俗读物
Ⅳ . ① K209

中国版本图书馆 CIP 数据核字（2021）第 003193 号

出 版 发 行：时事出版社
地　　址：北京市海淀区万寿寺甲 2 号
邮　　编：100081
发 行 热 线：（010）88547590　88547591
读者服务部：（010）88547595
传　　真：（010）88547592
电 子 邮 箱：shishichubanshe@sina.com
网　　址：www.shishishe.com
印　　刷：三河市华润印刷有限公司

开本：670 × 960　1/16　印张：17　字数：220 千字
2021 年 2 月第 1 版　2021 年 2 月第 1 次印刷
定价：46.00 元
（如有印装质量问题，请与本社发行部联系调换）

前言

通俗地讲，历史就是过去发生的事情，它是无数生命的客观记录，也是一个国家兴盛衰亡的真实记载；它像一根线，将过去、现在与未来串联在一起，让人类在每个阶段都不再孤独地存在。

《旧唐书·魏徵传》中说："以史为镜，可以知兴替；以人为镜，可以明得失。"英国哲学家柯林·武德则认为：除数学和科学外，历史是人类求知的第三条途径。历史的意义在于回望，我们需要知道过去的人是如何生活的、过去的时代是什么样子的；历史的意义更在于指引，对比古今方能知进步与更替，以史为鉴则可以避免重蹈覆辙，人们可以借用古人的智慧更明智地活好现在。

中国拥有五千年的悠久历史，更有五千年的智慧传承。从"礼者，人道之极也"到"衣食以厚民生，礼义以养其心"，我们看到的不仅仅是中国的文明史，更是中国人的智慧史。每个历史时期都有令人深刻的事件，而身在其中的每个人物都在用自己的亲身经历告诉今人，如何以自己的智慧征服现实，如何以自己的态度关照人生。

古人的智慧就像一坛老酒，在布满蛛网的墙角随着时间的推移不断发酵。历经千年，当我们回望历史的时候，会发现这些智慧依然闪动着耀眼的光芒，照亮我们前行的路。为了更好地品读历史智慧，本书分为十七章，精选历史故事，解读历史人物，呈现十七种为人处世必知的大智慧，让我们在感受历史变幻的同时汲取人生智慧。

目录

第六章　逢山开路，遇水搭桥：活用历史之“变”智慧

第七章　不防于小，终亏大德：活用历史之“慎”智慧

第八章　处变不惊，居安思危：活用历史之“警”智慧

第一章

小舍小得，大舍大得

活用历史之『舍』智慧

舍得之道，人生之道也。舍就是付出，得就是得到。想得到东西必须先学会舍去，无舍便无得，这是生活的规律。

第一节　舍小家保大家，方显君子之气

让个人利益与集体利益联系在一起，才是对自己最好的保护。也只有懂得先保全集体、再考虑个人的人，才能做出更为明智的决定。这无不体现着一个人的格局和魄力。当然，个人利益的舍弃并不会徒劳无功，而是会在集体利益保全之时收获到更大的利益。

有舍才有得，在必要的时候，我们应该学会舍弃一些东西，哪怕是自己最珍视的。特别是当个人利益与集体利益相冲突时，更应该选择舍“小家”保“大家”。

俗话说：“皮之不存，毛将焉附。”这句话很形象地说明了个人利益与集体利益的关系。如果失去了集体利益，个人利益也就失去了赖以生存的基础，进而不复存在。可想而知，如果不以“大家”为重，又哪里得来“小家”的安稳？

战国时期，赵孝成王六年（前260年），纸上谈兵的赵括亲自率领赵国的40万大军与秦国军队交战。不幸，赵国军队全军覆没，赵国元气大伤。秦军趁势追击，很快包围了赵国的都城——邯郸。

危难之时，赵国相国平原君到楚国求助，在门客毛遂的“威逼”下，

楚烈王当即与平原君歃血为盟，让春申君黄歇率领8万楚军前去支援赵国。不仅如此，平原君的内弟——魏国信陵君魏无忌——也谎称得到了魏王的命令，夺得了魏国的虎符，派兵支援邯郸。

当平原君回到赵国之后，发现邯郸城危在旦夕，内部军心涣散，很多士兵竟生出了投降的念头，根本坚持不到援军的到来。就在平原君一筹莫展之际，邯郸城一个名叫李同的小官吏求见了平原君。他说："赵国就要灭亡了，相国难道就不着急吗？"

平原君听后非常生气，大喝道："你说的这是什么话？赵国如果灭亡了，我就成了亡国奴，怎么会不着急？"

李同继续说道："到目前为止，邯郸城已经被围困一年多了，百姓衣不蔽体、食不果腹，有的百姓甚至已经开始易子而食，但是反观相国府内，依旧锦衣玉食，就连婢女都身穿绫罗绸缎，大鱼大肉享用不尽。长期的战争消耗了国家大批的物资，武器装备近乎消耗殆尽，士兵只能用木材作为武器参加战斗，但是相国府内却是钟鼎鼓磬一应俱全。这样看来，相国并没有把赵国的存亡放在心上啊。"

平原君一听，霎时惊出一身冷汗。

李同接着说："如今，赵国存亡仅在一念之间。如果所有人都这么想，必然会人心涣散。长此下去，赵国肯定会加速走向灭亡。请相国三思！"

平原君听后不禁倒吸一口冷气，他马上向李同深深作揖并谦虚地说："请先生赐我解救之法。"

李同说："相国心里自然明白，您的个人荣辱和国家安危是连在一起的，一荣俱荣，一损俱损。如果秦军攻破了邯郸，您的一切也会随之消失；反之，如果赵国不亡，您的东西不还是您的吗？我建议，您的家人以及奴仆都去参加战斗；家中的钱财、食物和衣服都拿出来犒赏守城的将士。这样一来，他们都会感谢您的施恩，自然会上下一心，拼死守城。”

平原君当即采纳了李同的建议。果然，这样的举动大大鼓舞了守城兵勇的士气，城中自发组织了一支3000人的敢死队，冲出城去，和秦军展开了厮杀。最终迫使秦军撤围，后退了30多里，缓解了邯郸城的危机。

没过多久，信陵君率领的援军及时赶到，和邯郸城内的赵军里外夹击，秦军损失惨重，残余部队狼狈逃窜，赵国因此获救，而平原君也成了鼎鼎有名的大人物。

平原君在国家生死存亡的关键时刻不计个人得失，仗义疏财，与将士同甘共苦，不仅保住了国家，更保住了自己。这可以说是对“舍小家，保大家”的贴切阐释。

在生活和工作中，我们要有顾全大局的意识，不能仅为坚持个人利益而“钻牛角尖儿”。要知道，我们每个人都身处某种大环境之中，不维护好大局的和谐，个体必然无法得到长久的安稳。只有具备“舍小我，成大我”的大局观，社会才能得以进步，人与人之间的关系也才会越发和谐。

第二节 放下恩怨，就是在成就自己

放下是一种牺牲，也是一种获得。但是，做出“放下”这个抉择是很难的，因为它需要你舍弃本来拥有的东西，甚至丢弃唾手可得的成功。这需要一个人具备卓越的见识和坚定的毅力。只有清楚地知道自己行进的每一步，才能保持清醒的头脑，做出有效的舍弃。

放下过去的恩怨，你可以更从容地面对生活，再也不会拿别人的错误来惩罚自己；放下心中的痛苦，你可以更轻松地继续未来的人生，再也不会因为无谓的人与事而浪费人生。放下不是牺牲，而是在更好地成就自己。

战国时期，齐襄公荒淫无度，导致国政混乱。

齐襄公十二年（前686年），公孙无知弑君而自立。次年，雍廪又杀公孙无知。一时间，齐国无君，一片动荡。

当时有望登上君位的有两个人：一个是师从管仲、避难于鲁国的公子纠；另一个是以鲍叔牙为师、避难于莒国的公子小白。公子纠的母亲是鲁国女，鲁国自然成为公子纠的强大外援，加之管仲等人的辅佐，优势明显。而公子小白自小与齐国贵族高氏友善，得力的内应加上鲍叔牙的帮助，也使其足以与公子纠抗衡。

此时，鲁庄公亲自带兵护送公子纠回国。管仲担心公子小白所在的莒国离齐国较近，很有可能会抢先回国夺取君位。于是，便带了一批人马去拦截公子小白。

待管仲赶到即墨附近时，发现公子小白果然正往齐国赶去。因和公子小白的老师鲍叔牙私交甚好，所以管仲上前劝说公子小白放弃回国，公子小白不肯且拂袖而去。管仲一时心急，便趁公子小白没走多远时暗自拿出弓箭，对准他射去。

箭已离弦，只听公子小白大叫一声，随后口吐鲜血，从车上跌下。管仲以为公子小白已死，便立即送信给行进中的鲁军。于是，公子纠一行便开始不慌不忙地继续返齐之行。

这边，公子小白的手下慌忙拥上前来，一看，大家又都破涕为笑。原来，那支箭射中的是他身上的带钩，着实让众人都吓了一跳。刚才，公子小白恐再有冷箭射来，就故意大叫一声，咬破舌尖，摔在车下，连鼻子都摔出了血。等大家围上来时，他才睁开眼睛，松了一口气。

大家都认为天不灭公子小白，不禁士气倍增。在鲍叔牙的带领下，日夜兼程，终于抢在公子纠的前面回到了齐国的首都临淄。齐国的大贵族国氏和高氏等立即拥立公子小白为国君，史称齐桓公。

齐桓公即位后，立即集合军队，把鲁军打得溃不成军。同时，鲁国国君收到鲍叔牙送来的一封信，信上说齐桓公不忍亲杀兄弟，请鲁国自行解决公子纠，否则，鲁国将有灭顶之灾。被逼无奈之下，鲁国国君只得杀了公子纠，把管仲押送到齐国。

令人奇怪的是，齐桓公对公子纠都无法容忍，却放了管仲一条生路。这其中，鲍叔牙的劝说起了关键性的作用。他对齐桓公说：“君王的眼光应当远大。如果大王只想治理好一个齐国，那么我和高氏、国氏来协助您就够了；如果大王想称霸诸侯，就非管仲不可。管仲的才能比我高出多倍，大王如果重用他，一定能成就一番大业。”

齐桓公是一个胸有鸿鹄之志的人，听了鲍叔牙的这番话，又知鲍叔牙与管仲相交甚深，便放下了他与管仲的恩怨。等管仲到了临淄，齐桓公沐浴三次，亲自在郊外迎接，并立拜管仲为相。管仲也不负众望，终其一生，为成就齐国的霸业奉献才略。

齐桓公知人善任，放下个人恩怨而成就了齐国的霸业，显示了他的胸襟，也显示了他的智慧。老子说:“将欲取之，必先予之。”想要得到，必要先给予。在选择得失的时候，适时地放下更是一种智慧。放下之后，我们会发现更广阔的天空，会挖掘到更多的机会。

第三节　摒弃迂腐的固守，良禽择木而栖

我们要摒弃迂腐的固守，舍去鼠目寸光的领导者，选择有远大之志的同道者。只有敢于摆脱束缚，才能找到属于自己的伯乐，才能真正奔向更有生命力的新天地，尽情施展自己的才华。记住，任何时候都不要被暂时的利益束缚，要时时保持开阔的视野，为自己今后的发展做好规划。

俗话说：“良禽择木而栖，贤臣择主而事。”选择身处什么样的环境，选择跟随什么样的领导，会决定你一生的好与坏。当环境不适合你、当领导无法引领你的时候，摒弃迂腐的固守，勇敢地走出困境，不失为一种明智的抉择。

马援是东汉初年著名的政治家和军事家，他为东汉王朝的建立、巩固和发展做出了巨大的贡献。而他之所以能够功成名就，与他懂得择明主而事有极大的关系。

马援少有大志，却大器晚成。在没有遇到贤明的君主之前，他虽然有着满腹才略，却并不急于施展，更不想随波逐流。在那段时间里，他主要以交游的方式来开阔视野和胸襟。后来，他又到了北地郡畜牧，过着简朴而惬意的生活。不过，马援的志向并未被这逍遥惬意的生活消磨

掉，他曾对宾客说：“丈夫为志，穷且益坚，老当益壮。”

王莽末年，天下局势更加动荡不安。各地义军纷纷揭竿而起，各地豪强地主也纷纷割地称雄。

这个时候，有人得知马援是个有勇有谋的人才，就把他推荐给了王莽。盛情难却，马援只好接受。但是没过多久，新朝灭亡，于是，他辞官回到了原来的地方，重操旧业。

公元25年，刘秀在河北称帝，其他很多人也纷纷效仿，自立为王。

没过多久，天水（今甘肃一带）的隗嚣听说马援之名，来请他出山帮忙。隗嚣对马援可谓是言听计从，但是马援却不满意，觉得隗嚣没有远大的志向，只图偏安一隅且缺乏实力。

当时还有一个十分强大的势力，即称帝巴蜀的公孙述。隗嚣想让马援去公孙述那里打探虚实，以便决定到底投奔谁。马援和公孙述小时候非常要好，但是这次相见，公孙述却对马援大摆帝王排场。这种作风让马援极其厌恶，因而婉言拒绝了公孙述的挽留。

回去后，马援对隗嚣说公孙述实在是井底之蛙，又妄自尊大，因此不能跟随。他好意劝说隗嚣归顺刘秀。说服成功后，马援带着隗嚣的书信直奔洛阳。刚到洛阳，就受到刘秀不设警卫、便装相迎的礼遇。刘秀这种以礼相待的做法让马援心悦诚服。自此之后，马援常常与刘秀深谈，并且经常跟随刘秀外出巡视，这些经历让马援获益良多，更加认定刘秀是贤明之主。

后来，隗嚣野心膨胀，想要妄自称王，准备和刘秀公开抗衡。为此，马援认为刘秀志远而礼贤，隗嚣短浅而粗野。马援写信劝阻隗嚣不成，后上书刘秀，献上消灭隗嚣的计策。

自此之后，马援的才华终于有了用武之地，他跟随刘秀踏上了东汉的统一之路。在刘秀身边，马援如鱼得水，充分展现了他的雄才大略，并屡建奇功。虽然这个时候的马援已经不再年轻，但是他最初的远大抱负已全面施展，成为一代名将。

在那种动荡不安的时局下，面对此消彼长的各方势力，马援能够明智地选择投奔明主刘秀，这是非常有远见的。跟随隗嚣，马援也会被器重，也会有优厚的待遇，但与满足“百姓思汉”、统一天下的愿望相比，那些名利便不值一提了。

马援的成功在于他的取舍得当。一个胸怀大志的人应该明白，只有和志同道合者一起构成一个智慧超群、饮誉天下的团体，才能共同发光放热。

诚然，能够坚持自己的梦想，不因客观环境的改变而改变的人的确是值得称赞的，但当目前的环境已经不适合自己，且又遇到真正可以施展自己抱负的机会时，我们更应该像马援一样，果断、及时地改变现状，投奔到更广阔的天地。

第四节 舍生取义，关键时刻的抉择

“鱼与熊掌不可兼得”，当我们面对道义和私利这“一鱼”“一熊掌”时，就更要懂得取舍。往往一念之差就会让自己背离人道、美誉尽弃。在利与义之间，我们理应选择后者。用敢于舍弃生命的勇气去成就大道，便没有达不到的境界。

孟子说：“生，亦我所欲也；义，亦我所欲也。二者不可得兼，舍生而取义者也。”意思是说，人要以崇高理想为重，在“生”与“义”不可兼得时，能为真理和正义舍弃生命。

舍生取义，是中华民族的传统美德之一。纵观悠悠历史长河，不知有多少仁人志士为了正义事业而捐躯。一身侠胆，高吟“风萧萧兮易水寒，壮士一去兮不复还”的荆轲，“我自横刀向天笑，去留肝胆两昆仑”的谭嗣同，“头可断，血可流，工不可复”的林祥谦……他们将自己生命的火花凝铸于铁链之中，迸发于刀刃之上，在历史的天穹上闪烁着不灭的光辉，永照世人。

汉代有一位名叫云敞的儒士，师从一代名儒吴章。在当时，吴章非常出名，是《尚书》的博士，追随他的学生有一千多人，云敞对吴章非常尊敬。

西汉末年，王莽专政，逼迫汉平帝的母亲以及皇后留住中山，不让她们回京师。王莽的长子王宇觉得父亲做事不妥，便向老师吴章求教，商讨如何能够遏止王莽的恶行。吴章认为，王莽喜欢装神弄鬼，不如将计就计，设计一些鬼神事件来吓唬他，再套用一些说辞，让他感到自己的行为已经引发了鬼神的怒气，接着再逼他退位。

王宇觉得老师的这个办法很好，就派手下提着一桶血，在半夜的时候，把血水泼洒在王莽的大门上，伪装成鬼神之怒。没承想，王宇手下的行为被守夜的门卫调查出来，事情很快败露。王莽一怒之下，杀死了自己的儿子和儿媳，并借由此次事件铲除异己，诛杀了皇后娘家卫氏的族人。

在这次事变中，被害死的无辜之人有一百多人。身为儒林领袖，吴章也付出了生命的代价，王莽派人残忍地将他的肢体一节一节地割下，腰斩于东市门外。作为一代大儒，追随吴章的弟子有一千余人之多。王莽认为凡和吴章有关系的全都是同党同伙的恶人，全都要打进大牢关押起来。很多学生为了避祸，公然宣称自己早已师从他人，不是吴章的学生。

那时，云敞官居大司徒掾，老师的惨死使他悲伤欲绝。每每想起老师深切的爱护和不倦的教导，都让他涕泪横流。于是，云敞决定挺身而出，为敬爱的老师尽一点为人学生微不足道的情义。刑罚之后，云敞一路哭号，跪拜着来到老师凌落四处的尸首前。他大声宣称，自己就是吴章的学生，并把老师的尸首一块一块、小心翼翼地包好，抱在怀中，之后，按照师礼把吴章的尸首殓棺而葬。

云敞的举动使整个京师的人都为之瞩目。车骑将军王舜被他的义行深深感动了，推荐他为中郎谏大夫。但云敞对时局已心灰意冷，便以生病为由避隐家中，不愿为官。

面对恩师的惨死，云敞不惧强权，敢于挺身而出，捍卫尊师的道德操守，哪怕付出性命也在所不惜。云敞用自己的正义行为谱写了一曲忠义之歌。

如今，早已不是那个要用生死来表达忠义的时代，但是，美与丑、正义与邪恶的斗争仍然存在。为了坚持真理和正义，我们无须舍弃性命，但仍然需要继承和发扬舍身取义的精神。只有懂得道义为大的准则，才能在取舍之间把握方向。

第五节　舍虚名得发展，舍利益得人心

孔子曰：“不义而富且贵，于我如浮云。”为富不仁，生意必然无法长久；为富且仁，事业才能越做越大。舍得眼前的利益，才能赢得未来长久的发展；舍得将财富用于慈善之事，才能收获比财富更难能可贵的支持和爱戴。

人不可能一直处于同一种状态，在合适的时候勇于舍弃，才能迎来新的改变。所以，不要一味地执拗于眼前的名利财富，以致最终陷在泥淖，引发无端的灾祸。有句流传甚广的话说得非常好：“上帝为你关闭一扇门的同时，也会为你打开另一扇窗。”既然眼前这方寸之地注定不能属于自己，何不勇敢舍弃，到别处开辟另一片天地呢？

春秋时期，范蠡帮助越王勾践灭掉了吴国，洗雪了奇耻大辱。自此之后，范蠡被封为上将军，地位显赫。对此巨大恩宠，很多人都妒羡不已，但范蠡内心却很不安。他深知，勾践是一个只能共患难却不能同富贵的人。于是，他毅然舍弃了眼前的名利地位，乘舟离去。后来的结局也证明他当时做出了正确的抉择。

辞官后的范蠡决定远离政治，改行商贸。他首先辗转到了齐国，在海边选了一块土地开荒，并且用海水煮盐。过了几年，范蠡的资产已经

达到了数千万，成为当时富甲一方的巨商。齐国国君得知此事后，就任命他为宰相。但是做官不久的范蠡又主动请辞，并把大部分资财分给四下乡邻，自己则另择他处而去。

后来，范蠡又来到了宋国的陶邑（今山东定陶县），看到这里位置适中、交通发达，店铺鳞次栉比，客商往来频繁，就决定在此定居下来，并自号“陶朱公”。耕作养殖之暇，他非常重视收集信息，抓住各种机会去集市上经商，采取薄利多销的策略，生意越做越好，只几年工夫，就积累了亿万家财。

这时的范蠡年事已高，就把店里的生意交给长子经营，自己则带上夫人和小儿子一起游山玩水，饱览大好河山。

有一次，他们来到了熊耳山下的卢邑（今河南卢氏县），发现这里湖水清澈见底，山上绿色怡人，景色十分优美，就打算在此长住。经过一段时间的了解，范蠡发现当地盛产核桃、木耳等土特产品，但缺少食盐等日用杂货，范蠡又动心了。开商铺的刘掌柜为人实在，范蠡便和他合作，在当地买了一块地，盖了一座规模很大的山货店，雇用了几个生意能手，又买了十几头骡子，做起了收购山货的生意来。

范蠡和刘掌柜的合作很愉快，他们收购山货的价格比以往都高。不满一个月，各种山货就堆满了几个大库房。他们把每种货物挑拣分类后打包，然后根据掌握的销货信息，用牲口将山货驮运出山，销往各地。得款后，他们再到市场上购回食盐等日用杂货。这些物品运进山后，都按低于以往市场的价格销给了当地的群众。

远处的商贩听说范蠡的善举后闻风而至，一时间供货的、进货的络绎不绝。当地的农民见有利可图，也都纷纷前来批发食盐或日用杂品下乡去卖，渐渐地都富裕了起来。时间一长，经过范蠡和夫人的努力，当地人们的生活水平得到了很大提高。

范蠡父子经营了几年收购转运生意，为当地人民创造出了一条致富路。当他准备回家的时候，把赚到的大多数钱财都分给了乡邻和穷苦人，更加赢得了人们的爱戴，被人们尊称为“财神”。

范蠡的舍得有二：

其一，他舍得功名，如果范蠡明知自己危及他人利益，却因贪恋名利而留在原地，那么他就不可能再有新的出路，还会招来杀身之祸，正是因为他能够根据眼前形势，弃虚取实，才得以开创另一番事业；其二，他舍得利益，范蠡不只图自己一人富有，还深谙“取之于民，用之于民”的道理，他让周围的人获益才能将生意越做越大，他一次次地散尽钱财获得了老百姓的爱戴。

这世上没有只进不出、只得不舍的道理，渴望全进全得的人反而会失去更多。唯有将目光放长远，舍得眼前虚浮的利益；将头脑放清晰，透过现象看到本质，才能真正拥有于人于己都有益处的实在之物。

第二章

一语中的，心服口服

活用历史之『谏』智慧

司马光曾在《谏院题名记》中以“夫以天下之政，四海之众，得失利病，萃于一官使言之”来说明谏官的重要性。劝谏并非易事，劝谏者不但要敢说，还要会说。善谏者，总是能一语中的，让听者心服口服；不善谏者，轻则引怒，重则招致杀身之祸。

第一节　直接谏言，贵在真诚

虚伪的土地上永远开不出真诚的花朵，唯有待人以诚，才能收获真诚。真诚必须是发自内心的，一个人无论排练多少次，也掩饰不了谎话中的虚假。只有用真诚的态度去和别人交流，才能打动人心。真诚的态度，不仅能够让对方接纳你的意见，还能使你得到对方的尊重。

有的时候，与其绕圈子、打掩护，叫人疑心，不如直接说出自己的谏言。但是需要注意的是，劝谏是为了表达我们内心的思想，以此获得别人的认同，而不是要挑出别人的缺点，所以，说话的态度尤为重要。想要让对方心悦诚服地接纳，态度必须真诚。

真诚，是一个人品德的基本体现，也是人际交往的出发点。在谏言献策时，真诚地表达自己的观点，更容易得到对方的理解。沟通没有了障碍，自然会获得出乎意料的效果。

唐朝时期，士大夫魏徵深受唐太宗李世民的重用，这却遭到很多人的反对。有人在李世民面前诋毁魏徵说：“魏徵身为臣子，待人接物却不注重仪容和礼貌，不避嫌疑，影响非常不好。”李世民就派温彦博责备魏徵，命魏徵一定要改变这种不修边幅的毛病。

过了几天，魏徵求见李世民，他说：“微臣听说，君臣一心，国家才能兴旺。如果臣子不顾国事，只重仪容礼貌，那就与重国事的君主有了二心。如果君臣皆重仪容礼貌，疏废国事，这样下去，国家的命运也就不难预测了。所以，恕微臣不敢从命。”

李世民忙说：“原来如此，我明白了。”

魏徵接着又说：“愿皇上能让微臣做一个良臣，而不要做一个忠臣。”

李世民非常疑惑，问道：“良臣和忠臣有什么区别？”

魏徵回道：“所谓忠臣，就是能向君主提出建议，却无法使君主采纳，反而招来杀身之祸，陷君主以非常大的罪恶之中，使国家受到损失，而他也只留下“忠臣”的名声；所谓良臣，就是不但能向君主提出建议，并且能被君主采纳，从而君臣上下齐心，使得国家更加繁荣富强。这就是忠臣和良臣的不同之处。”

李世民接着又问道：“那么，什么是明君，什么是昏君？”

魏徵说：“兼听则明，偏听则暗。”接着，他又以秦二世、梁武帝和隋炀帝为例，指出他们灭亡的主要原因就是偏信奸臣。魏徵认为，身为君主，只有广开言路、察纳雅言，才不会被奸佞之人所蒙骗。

李世民听后深以为然：“昏君总是护着自己的缺点，不让这些缺点暴露出来，这样反而会一天比一天糊涂；明君却是不断暴露自己的缺点，然后加以改正，使自己更加贤明。今后，我要经常接受谏言，努力做一个明君。你也要大胆提出意见，努力做一个良臣。”

魏徵对于“良臣”和“忠臣”的辩辞，体现了他对古往今来为官之道的深刻感悟。身为臣子，就应该食君之禄，为君分忧；身为君王，就应该广开言路、宽以待人。魏徵的成功谏言成就了他与李世民的君臣美

谈，也成就了“贞观之治”的盛世。而在进谏过程中，魏徵是直言，但是他的谏言无不体现出臣子于国于君的真诚之心，这也是他谏言成功的原因所在。

对于那种开明又贤能的人，若要指出他们做事的不当之处，不妨直言不讳。但前提条件是你的直言必须是真诚的，是全然为他人着想的，是毫无私心的。让对方感觉到你的真诚，如此，才能达到直言进谏的良好效果。

第二节 委婉劝谏，先同后异

先消除对方的戒心再谏言，这是劝谏艺术中的迂回术。需要注意的是，这种进谏方式的关键在于正确把握对方的所思所想，你要清楚对方真正在意的是什么，并能从细节剖析其中的利害关系，让对方意识到自己的错误所在。在委婉劝谏的时候一定要注意尺度，不要泛泛而谈、长篇大论，让人不知所云。

不是所有人都能接受直言进谏，所以，劝谏并非只有诚心就可以，有时还需要掌握委婉劝谏的语言艺术。所谓委婉劝谏，就是先赞同对方的观点，博得对方的好感，消减对方的抵触情绪，使紧张的气氛有所缓和，然后再引导对方跟随你的思路加以考虑。这样，对方不仅能明白你的想法，而且还能真心接受你的意见，达到良好的效果。

春秋战国时期，楚庄王十分爱马。他给自己的爱马安排了优越的生活条件，住的是豪华的马厩，披的是锦缎，吃的是枣肉，还养了一大批的奴才专门侍奉马匹。

这些马养尊处优惯了，根本不愿意出去运动，其中有一匹马就因为吃得太多，得了肥胖病死了。这下，楚庄王非常伤心，打算为这匹马举办隆重的葬礼。他要求大臣在葬礼上向死去的马致哀，并打算按照大夫的礼仪安葬它。大臣们纷纷劝阻楚庄王不要这么做，但是楚庄王依旧我行我素，还非常气愤地说：“谁再来劝阻我葬马，一律格杀勿论！”

优孟是一名宫廷艺人，幽默诙谐，非常善辩。当他听说这件事后，径直闯进了皇宫，见到楚庄王就大哭起来。楚庄王对他的举动感到非常吃惊：“你为什么哭得这么伤心？”

优孟说：“大王心爱的马死了，这让我忍不住泪下沾襟。这匹马可是大王心爱的马啊！怎么可以用大夫的礼制来安葬呢？这简直是对这匹马的侮辱，应该按国君的礼制下葬才对！”

楚庄王一听非常欣喜，忙问优孟：“那你说，我应该怎么做呢？”

优孟回答说：“应该用美玉做马的棺材，然后发动百姓为此马建造华丽的坟墓，安排兵士护卫此马。等到出丧那天，让齐国和赵国的使节在前面开路，让韩国和魏国的使节护送灵柩。最后，还要追封死去的马为万户侯，为它建造祠庙，让百姓都来供奉这匹马。这样一来，天下的人都会知道，大王爱马胜过爱自己。”

楚庄王悔悟道：“难道我已经错到这个地步了吗？这该怎么办呢？”

优孟笑了笑，说：“这不难办。用炉灶为椁，铜锅为棺，然后放进花椒、大料等佐料，把火烧得旺旺的，把马肉煮得香香的。最后，填进大家的肚子里就对了。”

一席话把楚庄王逗得哈哈大笑起来。从此，楚庄王改变了原来的爱马方式，把那些养在厅堂里的马放出来，全都交给了将士们使用。

优孟见到楚庄王后不但没有劝阻，反而大哭着请求用国君的仪制厚葬马匹，消减了楚庄王的戒备心，让其走入自己的思路中。接着，他委婉地讲明厚葬马匹的害处，让楚庄王意识到其中的利害关系，改变了原

来的爱马方式。这就是委婉劝谏的做法。

委婉劝谏，也可以戏称为“胡萝卜加大棒”，即在说出谏言之前，先赞同对方，让对方觉得你与他是同一阵营，然后再提出自己的看法。这样做可以消除对方的戒备心理和抵触心理，让对方愿意听你讲话，之后接受起意见来也会更加容易，而且也不伤人。

第三节　灵活劝谏，正话反说

正话反说是一种灵活的劝谏技巧，具有反讽的效果，比正话正说更有力度，所以它对说者的要求也更高。劝谏者通晓事理的同时，必须具备随机应变的智慧。高明的反话要能让听者感受到说者的内容，而不是情绪。说者要注意语气语调，切勿阴阳怪气，令人不适。

清代诗人袁枚在《随园诗话》中说得好：“作人贵直，而作诗文贵曲。”“正话反说”便是“作诗文贵曲”的一种方式。在进行游说时，若正面开导与说服不能使之振奋、顺从时，不妨正话反说。它重在反衬，比直接劝谏更加幽默，更有力度。运用得当，往往能收到良好的劝谏效果，让人回味无穷。

五代时期，后唐的开国皇帝庄宗，名叫李存勖。他在魏州称帝后，建立了后唐政权，之后灭后梁，定都洛阳。这时候天下太平，这位好战的皇帝感到英雄无用武之地，非常无聊。

过了一段时间，百无聊赖的李存勖终于找到一个打发时间的办法——打猎。一次，李存勖的兴致上来了，一路骑马打猎到了中牟县。马匹践踏了很多百姓的庄稼，李存勖毫不在乎，中牟县的百姓敢怒不敢言，只好找到县令。

中牟县县令为民请命，拦住了李存勖的马。没想到，县令刚一开口，就被李存勖下令将其斩首示众。随行大臣一个个战战兢兢，没有人敢上前劝阻。

没过多久，一个名叫敬新磨的伶人带着一队伶人打马追上李存勖，他愤怒地指责县令道："你身为县官，难道不知道我们的天子喜欢打猎吗？为什么不空着这些土地来让天子打猎取乐呢？为什么要让老百姓种庄稼交纳国家的赋税呢？为什么不让老百姓空着田地饿肚子呢？你真是罪不可赦啊！"之后，敬新磨大声请李存勖对中牟县县令行刑，其他伶人也随声附和。

李存勖明白了敬新磨的用意，也意识到了自己的过错。于是哈哈一笑，免了中牟县县令的罪责，纵马回宫了。

敬新磨对李存勖的这一段谏言可谓奇特，正话反说、指东说西。本来表面上说的是县令的罪责，实际矛头指的都是李存勖的过失。这样一来，李存勖也明白了敬新磨的苦心，既免除了县令的刑罚，又停止了踩踏庄稼。

对于身份比较重要或者显赫的人，在指责他们错误的时候，要善于变通自己的说话方式。正说不行，不妨逆道而行，从反面巧妙地指出他们的错误。这样更有利于达到你劝谏的目的。

第四节 含蓄劝谏，借物喻人

在现实生活中，不免有一些高傲或固执的人，他们不愿意接受别人的意见或批评。此时，如果使用激烈的言辞单刀直入地进谏，往往会引起对方的反感，更别说接受你的意见了。而借物喻人这种劝谏方法，虽不言明，却能起到令人恍然大悟的效果。含蓄劝谏往往能使讨论气氛从剑拔弩张走向缓和，让听者轻松愉快地接受说者的建议。

如果对方已经明确表示不愿意再听你说话，或者无论你怎么讲对方都听不明白的时候，你最好不要再一味地向对方灌输你的意见和主张了。这时，不妨转明谏为暗谏，借他物喻指。

春秋时期，吴王阖闾想出兵攻打楚国。他向大臣询问意见时，大臣们纷纷表示反对，他们认为楚国正处于强盛时期，现在攻打楚国会使吴国承受很大的风险。倘若攻楚期间有他国乘虚而入，吴国将招致难以想象的灾祸。然而，吴王根本听不进群臣的意见，他甚至挥剑指向谏言的大臣，说：“我已经决心进攻楚国，谁再敢来劝阻我，我就处死他！”

大臣们的谈话被一位侍奉吴王的卫士听见了，他认为这次出兵不是正义之举，很想劝阻吴王。可是得知吴王已经下了死命令，不免犯难起来。几天后，他终于想出了一个办法。

隔天一早，他就走进王宫的后花园。手里拿着一把弹弓，转到东，转到西，连衣服被露水打湿了也毫不在乎。就这样，他连续转了三天，终于被吴王发现。

吴王觉得奇怪，就把卫士叫到跟前，问道："你为何每天早晨都在花园里走来走去？"

卫士恭敬地说："禀报大王，我在打鸟。"

吴王问："那你打着鸟了吗？"

"我没有打着鸟，却见到了一件挺有意思的事情。"卫士有些兴奋地说。

"哦？什么有趣的事情？"吴王脸上泛起了微笑，好奇地问道。

"大王，您看花园的那棵树上，蝉正在高处悠闲地叫着，自由自在地喝着露水，却不知道有只螳螂在它的身后，举着前爪，准备扑上去捉它；可是，那只螳螂也没有料到，在它的身后，有一只伸长脖子的黄雀正伺机而动；而黄雀也不知道，我正在它的身后拿着弹弓瞄准它。"

吴王笑道："确实有趣。"

卫士继续说："尊敬的大王，蝉、螳螂、黄雀，它们都一心想得到眼前的利益，却没考虑到自己身后正隐伏着的危险啊！"

吴王沉默了一会儿，恍然大悟。于是，他取消了攻打楚国的计划，并重赏了卫士。

当吴王不肯听别人的规劝时，这名卫士却灵活地改变了劝谏的方式，通过"螳螂捕蝉，黄雀在后"这样一个巧妙的比喻，表达了攻打楚国，其他诸侯国会乘虚而入的道理。虽不言明，却字字珠玑，可谓用心

良苦，终使吴王改变了想法。可见，在生活和工作中，当我们遇到不方便明说的情况时，借他物或借他人之事暗喻，不失一种有效的解决之法。

第三章

地低成海，人低成王

《易经·谦卦》中说：“谦谦君子，卑以自牧也。”意指君子要以谦卑的态度修养自己的德行。真正智慧的人不会站在高山上招摇，而是会深入泥土中感受。只有把自己放在比较低的位置上，才能不断汲取新的养分。人要懂得谦虚，更要时时谦虚。

第一节　谦逊处世，才是睿智

对上级谦逊，是一种本分；对平级谦逊，是一种和善；对下级谦逊，是一种高贵；对所有的人谦逊，是一种安全。谦逊是一种美德，可以感动一个人，更可以感化一个人，让他们自主自发地跟随自己，走上共同的道路。

古往今来，许多仁人志士都具有谦逊的美德。他们虚怀若谷、不耻下问，因而在事业上取得了巨大的成就。传说，唐代诗人白居易每写好一首诗，首先是念给牧童和老妇人听，然后再反复修改，直到他们听了拍手称快才算好。正因如此，他的诗歌通俗易懂，广为流传。周公论谦虚、孔子谈破满、晏婴谦躬、车夫改错……这些事例也无不在揭示谦逊处世的真谛。

谦逊不仅是一种学习的态度，也是一种为人处世的态度。一个人的成功不是偶然得来的，除自身的拼搏外，还与其谦逊的态度分不开。

公元前 202 年 1 月，刘邦率领韩信、刘贾、彭越、英布等各路汉军约计 70 万人，与 10 万久战疲劳的楚军于垓下（今安徽灵璧县南）展开决战。楚军大败，项羽自刎于乌江（今安徽省和县境），为期四年的楚汉战争终于结束。

刘邦兑现了先前的诺言，封韩信为楚王，彭越为梁王。受封的韩信和彭越联合原来的燕王臧荼、赵王张敖以及长沙王吴芮，共同上书刘邦，请他即位称帝。同年2月28日，刘邦在山东定陶汜水之阳举行登基大典，定国号为汉。同年6月，刘邦在洛阳的南宫开庆功宴，招待群臣。宴上，刘邦和群臣说起楚汉之争。

谋士高起、王陵说："陛下派人攻城，所招降、攻占的地方就分给原来的守城之将，能与天下人利益相共；而项羽嫉贤妒能，有功的加以陷害，贤能的受到怀疑，打了胜仗不论功行赏，取了土地不与分利，这就是他失去天下的原因。"

刘邦说："你们只知其一不知其二。朕一介草民，起事时仅区区一驿亭亭长，多次面临死亡。之所以能获取天下、立朝建国，并不是因为我有什么超人的本领，其实最大的功劳是你们，尤其是子房、萧何和韩信三人。"

高起问道："此话怎讲？"

刘邦回答："在帷帐中运筹策划，决胜千里之外，我不如子房；镇守国家、安抚百姓、供给军粮、畅通粮道，我不如萧何；率兵百万，战必胜、攻必克，我不如韩信。这三个人都是人中俊杰，我能任用他们、信任他们，充分发挥他们的才能，所以才得了天下。"

顿了顿，刘邦又说道："项羽却相反，他认为自己了不起，看不见别人的才能。其实他手下也有许多有才能的人，由于他容不得人，有的跑到我这里来了，有的销声匿迹了。连范增这样有本事的人都不予任用，所以就失去了天下。"

刘邦不把建立政权的功劳记在自己身上，而是充分肯定了"三杰"

的重大作用。这种“三不如”的谦逊精神，不仅彰显了他宽阔的胸襟，而且教育了文武百官不应只求虚名，更应该明白“谦受益，满招损”的深刻含义。

谦逊体现的是人的思想修养，它能让一个人更好地认清自己，以彼之长补己之短，从而不断地完善自己。而对于管理者来说，谦逊也是一种管理智慧。人都是感性动物，都喜欢那种做事谦逊、能够推功揽过的人，与这样的人共事会有一种安全感。这些管理者会凭着自己谦逊的态度赢得他人的尊重和爱戴。

第二节 所谓谦和，既不高傲，也不卑屈

志向高远、见识广博且人格独立的人，不会以学问多少和地位高低来论高卑贵贱。无论面对什么人，都要一视同仁，既不高傲，也不卑屈。

苏东坡曾说：“吾上可陪玉皇大帝，下可陪卑田院乞儿。”玉皇大帝虽然身份尊崇，但是在苏东坡眼中并非高不可攀；乞丐虽然身份卑微，但是在苏东坡眼中却并不低下。这才是不卑不亢的态度，也体现出何为谦而不卑、让而不纵的礼节。

无论与什么人交往，都要做到谦和有礼。明朝诗人朱之瑜曾云：“圣贤自有中正之道，不亢不卑，不骄不谄，何得如此也！”所谓谦和，并非低声下气、卑微退让，而是自尊却不自卑、相争却不狂妄。失去分寸，往往矫枉过正，丧失“谦”之一字原本的价值。

隋朝后期，天下动乱。苏世长原来是江都郡丞王世充的手下，后来王世充兵败，苏世长归顺于唐高祖李渊，被封为玉山屯监。

有一次，李渊在玄武门见到了苏世长，就问他：“你说，你是阿谀逢迎之人，还是正直不阿之人？”

苏世长回答：“我是特别愚蠢又特别正直的人。”

李渊又问:“如果你像自己所说的那样正直，为什么还会背叛王世充、归顺于我?”

苏世长回答:“现在洛阳平定，天下一统，微臣智穷力短，才归顺陛下。如果王世充还在，微臣占据汉南，还是一个非常强大的敌人。”

李渊听后嘲讽苏世长道:“名长意短，言行不一。你对郑国放弃忠诚，对我更是背信弃义。”

苏世长回答:“我的确像陛下所说，名长意短；但言行不一，却不敢认同。以前，大将窦融率领河西投降汉朝，从而十代封侯；而臣率领汉南归顺唐朝，却只得到屯监的职位。”

原来，苏世长是嫌封赐的官职太小。于是，李渊当天便下令，提升苏世长为谏议大夫。

还有一次，苏世长在披香殿陪同李渊喝酒，发现殿堂修建得奢侈堂皇，苏世长就劝谏说:“这殿堂如此富丽堂皇，一定是隋炀帝建造的。”

李渊生气地说:“你实在是狡诈，明明知道这殿是我造的，为什么反而说是隋炀帝呢?”

苏世长回答说:“臣实在不知道，只不过看到这里如此奢华，实在不像受天之命的帝王爱民节用的行为。如果宫殿是陛下建造的，确实不应该。臣过去看过陛下的房屋，能够遮风挡雨就足够了。如今天下一统，陛下理应居安思危，不忘节俭。”李渊听后，觉得苏世长的话很有道理，就虚心接受了他的建议。

苏世长是降将，地位比较特殊。在面对李渊提问的时候，他既没有表示出对李渊的过分恭维，也没有表示出过分的谦卑，而是从容自若、淡定直言，不卑不亢之态令人钦佩。

我们常常以为，所谓谦卑，就是把自己低到尘埃，结果导致在与人交往时过于卑怯，反而失了气度。所谓谦和有礼，是一定要掌握好分寸的：不能过傲，更不能过卑；有主见的同时不能顽固不化，谦虚的同时不能一味自贬；更不能为了保持表面的谦和，而改变自己为人处世的标准，随波逐流。

第三节　居功不可自傲，得意不能忘形

谦虚是一种务实的精神。谦虚的人，因为看得透，所以不躁；因为想得远，所以不妄；因为站得高，所以不傲；因为行得正，所以不惧。无论在生活还是工作中，我们都要有谦虚的精神，脚踏实地地做事，尤其在获得一定成就的时候，更要提醒自己：不可居功自傲、得意忘形。

古往今来，很多人能力不俗，在年轻时建功立业，却在身居高位时折损，究其原因，莫不与居功自傲有关。汉朝初期，“功高无二，略不世出”的军事家韩信邀功请赏，向汉高祖要求封自己为代理齐王，因此埋下杀身之祸；清朝时，鳌拜前半生军功赫赫，号称“满洲第一勇士”，结果因居功自傲被少年康熙所不容，身死禁所。

因此，一个人如果忘了“谦”的美德，以功臣自居，得意忘形，那么无论他曾经有多么渊博的知识、多么杰出的能力、多么高超的水平，最终都可能家财散尽、性命不保。

汉朝时期，太尉周勃与丞相陈平同朝为官，二人联合，诛灭吕氏一族，扶汉文帝刘恒登上皇位。汉文帝继位后，欲请二人共同辅佐自己。

一日早朝，汉文帝想找陈平诉说自己的想法。可满朝文武齐齐立于

殿下，唯独没有见到陈平，才知丞相告病。退朝以后，汉文帝让人准备车马，亲自前去探望。

谁知，到了陈平家之后，竟然发现陈平正坐在椅子上，津津有味地读书。汉文帝的突然驾临让陈平先是一愣，然后马上起身要下跪行礼。汉文帝赶忙把他扶住，说道："丞相有病在身，就不必行此大礼了。"接着又说，"丞相现在感觉如何？朕马上派人请御医过来为你诊治。你年纪大了，千万不可耽搁。"

陈平原本就是谎称生病，现在见汉文帝如此体恤自己，心里既感动又愧疚，便对汉文帝说道："陛下如此关心臣下，让臣下自愧不已，臣犯了死罪啊！"

汉文帝说："丞相为人廉明公正、热爱百姓，对汉室一直忠心耿耿，怎么会犯下死罪呢？"

陈平坦言道："臣犯了欺君之罪。臣并没有得病，却故意托病不上早朝。"他见汉文帝没有责怪自己的意思，接着说道，"其实，这次能够顺利铲除诸吕，最大的功臣并非我陈平，而是太尉周勃。如果没有周太尉，就不可能一举诛灭吕氏。现在皇上继位，必定会论功行赏，丞相之位只会在我和周勃之间选出来。我自认功劳不如周勃，可是又怕周勃不愿意接受，便假称有病不能上朝，那样他就没有拒绝的理由了。先皇在世时，周勃的功劳不如我；诛灭诸吕时，我的功劳不如他。所以，周勃担任丞相一职是众望所归，请皇上恩准。"

汉文帝听了陈平的话，十分佩服他深明大义、谦让宰相之位的做法。次日早朝，汉文帝颁布旨意，任周勃为右丞相，位居第一；任陈平为左丞相，位列第二。

居功而不占功，陈平故意装病不上早朝，将丞相之位推让给周勃。这种“欺君之举”不但没有招来大祸，反而获得了汉文帝的尊重和重用。可见，得意往往自断前程，谦虚才能长久不衰。所谓谦谦君子，就是能够推功揽过，在功名利禄面前还能让贤，做出正确的选择。

第四节　天不言自高，才华无须刻意卖弄

一个人在社会上不合时宜地卖弄聪明，只会招致他人的厌恶。法国哲学家罗西法古有句名言：“如果你要得到仇人，就表现得比你的朋友优越吧；如果你要得到朋友，就让你的朋友表现得比你优越。”戒除恃才傲物的习惯，谦逊为人，才能更好地融入人群，获得尊重。

人人都喜欢有才华的人，但是，如果一个人被“才”字冲昏了头，无端地傲慢起来，就极有可能“聪明反被聪明误”，自吞苦果。我们通常称这一行为为“恃才傲物”。恃才傲物的人看待世事时，就好像戴着一副变形眼镜，所看到的人与事都失去了原来的样子。他们总是看到他人的缺点，而不是优点；总是把自己放在天上，而把别人贬到尘埃。

其实，自己有无本事，本事究竟有多大，别人都看得很清楚，不用自吹。正所谓：“天不言自高，地不言自厚。”不言不语并不会减损才华的光芒，自吹自擂反而会招致祸患。

东汉末年的文学家杨修，才思敏捷、灵巧机智，可谓一代舌辩之士。由此，他当上了曹操的谋士，官居主簿。但他恃才傲物，数犯曹操之忌。

一次，曹操欲建造花园，建成之时，曹操前往观看，不置褒贬，只

在园门上写了一个“活”字。本是有意和工匠们斗智。工匠们不解其意，就去请教杨修。杨修一看便讥笑工匠愚笨，并对他们说:“门内添‘活’字，乃‘阔’字也。丞相是嫌你们把园门造得太宽大了。”工匠们恍然大悟，于是重新建造园门，完工后再请曹操验收。曹操大喜，问道:“谁领会了我的意思?”左右回答:“多亏杨主簿赐教。”曹操暗自埋怨杨修不识趣。

又一次，塞北有人给曹操送来一盒酥，曹操在盒上写了“一合酥”后放于案头。杨修见到后，竟把曹操的“一合酥”分给大臣们吃了，还从容地回答:“盒上明明写着‘一人一口酥’，我等岂敢违丞相之命乎?”曹操虽然表面称好，心头却已经对杨修之才有妒忌之意。

为了防范有人夜间行刺，曹操常吩咐左右说:“我梦中好杀人，凡我睡着的时候，你们切勿近前!”有一天，曹操在帐中睡觉，故意落被于地，一近侍慌忙取被为他覆盖。曹操即刻跳起来拔剑把他杀了，上床复睡。再次醒来的时候，佯惊问:“何人杀我近侍?”大家以实情相告，曹操痛哭，命人厚葬近侍。但没有想到的是，临葬时杨修指着近侍尸体一针见血地说:“丞相非在梦中，君乃试探耳!”这一指责招致曹操加重了对他的厌恶。

后来，曹操在平汉中时连吃败仗。欲进兵，怕马超拒守；欲收兵，又恐蜀兵耻笑，心中犹豫不决。适逢庖官进鸡汤，曹操见碗中鸡肋，有感于怀。此时夏侯惇入帐，禀请夜间口号，曹操就随口说了一句“鸡肋”。士兵们都不知道是什么意思，只有杨修马上开始收拾行李，并对别人说:“鸡肋要吃无肉，丢掉可惜。现在的战局也正是这样，进不能胜，退恐人笑，不如早归。我料定魏王来日必要班师，所以先收拾行装，免得临行时慌乱。”夏侯惇听了觉得有道理，于是也收拾起来。

曹操见杨修又猜透了自己的心事，顿时恼羞成怒，命人将杨修抓起来说："你怎敢胡造谣言，乱我军心！"随后以"扰乱军心"论罪，将杨修处斩了。

君王喜欢有人辅佐，却不喜欢被人超过。杨修虽然颇有才华，却恃才傲物、狂妄轻率，自然得不到善终。

恃才傲物是做人之大忌。很多人在生活中自信过了头，凭借自己年轻气盛，想要在社会上大展拳脚。没承想，正是因为自己有意显出强于别人，显出恃才傲物的态度，结果把自己置于别人箭靶的中心，使自己一败涂地。所以，儒、道两家才皆有训诫，劝人要以谦逊为上，不可自作聪明地显示、夸耀自己的才能。

第五节　辨识言语初衷，听进逆耳忠言

只习惯于好言好语，听不进刺耳逆言，说到底是气量狭小、缺乏自信的表现，注定难以成就大事。正所谓“人无大量，必无大成”，容言是大智者必备的素质，是容人、容事的基础。要想不断完善自己，就必须敞开心胸、接纳真言。

每个人身上都有一双耳朵，用来倾听智慧的声音。其实，在大千世界中，每个人都可以作为我们的一面镜子。只要愿意倾听，就能从别人的镜子里发现自己的不足。

《圣经》中说：“侧耳听智慧，专心求聪明。”很多善言往往不会以你喜欢的方式呈现出来，这时就需要提醒自己：忠言逆耳利于行。所谓善于倾听，就是不要仅仅站在自己的角度去考虑别人说的话，而应换位思考，客观地审视一下对方说话的初衷。只有摒弃主观色彩，不要一听到逆耳的话就怒目变色，才能使自己达到一个崭新的境界。

贞观元年（627年），濮州刺史庞相寿因贪污被罢免职务。唐太宗听说后怒火中烧，当即就传召庞相寿，把他大骂了一顿。等唐太宗骂完，庞相寿哭诉道：“皇上，臣追随您几十年，风里来雨里去，没有功劳也有苦劳。如今犯了罪，还请您宽恕臣这一回。”唐太宗怒不可遏，当即

制止了庞相寿，不让他再说下去。

等到晚上，唐太宗想起庞相寿的事，不由泛起了怜悯之心。想到他白发苍苍，又想起他为自己立功的光辉岁月，顿时心就软了下来。于是，他找人给庞相寿传话，说不治他的罪了，还让他继续做刺史，只要今后不贪污就可以了。

魏徵得知这个消息后，马上求见唐太宗，说："皇上，奖罚分明，就是要不考虑职务高低、地位尊卑。天子犯法，与庶民同罪。这样才能约束天下人，才能堵住百姓的悠悠之口。如果上面有罪不加治理，必然导致上行下效，那时，天下便会动荡不安。"唐太宗听后沉默不语，他知道自己的所作所为有失偏颇，终是按照魏徵的要求维持原判。

贞观四年（630年），百姓丰收，天下太平。很多大臣建议唐太宗去泰山封禅，以表彰圣上功绩，唐太宗也深以为然。但是魏徵却不同意，他直言上书，遭到了唐太宗的驳斥。

对此，魏徵解释说："皇上在治理国家上是取得了一定的成就，但是百姓还没有到衣食无忧的地步；天下安定，但是种种隐患仍然没有根除。封禅是大事，各国使臣必会前来道贺。而如今国库空虚，封禅大典又必会劳民伤财，等各国使臣看到我们的现状后，就会生出攻占中原之心。"唐太宗听了魏徵的话，犹如醍醐灌顶，果断放弃了封禅。

贞观中后期，国家呈现出一片太平盛世之象，唐太宗早已经忘记了当初艰苦奋斗的日子，渐生奢侈作风。魏徵看在眼里，急在心上。当时正赶上唐太宗去洛阳寻访，地方官吏只准备了普通的茶具和食物。唐太宗大为恼火，革了那个官吏的职。

魏徵听说这个消息后，第二天就来拜见唐太宗，说："皇上，我听说您因为官吏招待不周而发了脾气，这样很不好。"唐太宗反问魏徵："现在，百姓富足、天下太平，朕是一国之君，多享受一点儿，有什么错吗？”魏徵摇了摇头说：“正因为您是一国之君，才更应该以身作则。如果您引出奢靡的风气，文武百官、天下百姓必然会上行下效，到那时再想遏制就晚了。”唐太宗说：“朕是一国之君，谁敢效仿朕？”魏徵回道：“隋炀帝巡游的时候，每到一地必奢侈一番。正因为他无休止的欲望，百姓才会负担不起，从而丢掉了江山。现在，臣看皇上的表现，和隋炀帝也差不多了。”

唐太宗当即惊出了一身冷汗，回想起自己的种种作为，觉得实在是犯了很多错误，当即便决定改掉自己的奢靡作风。

倾听是一种修养，而听得逆耳之言则是一种智慧，它可以让你及时发现自己的错误，不断完善自己。听得进逆耳话，对于决策者来说尤其重要。身为决策者，应该学会分辨进言者的初衷，立足大局，不要计较进言者的态度和方式，耐心听取。有时，他人的牢骚甚至都包含着丰富的信息，对查找不足、寻求对策、纠偏补缺具有不可替代的价值。去除怨气、浮气和傲气，真心接纳那些不好听的话，你才能走得更远。

第四章

以礼待人，以敬处世

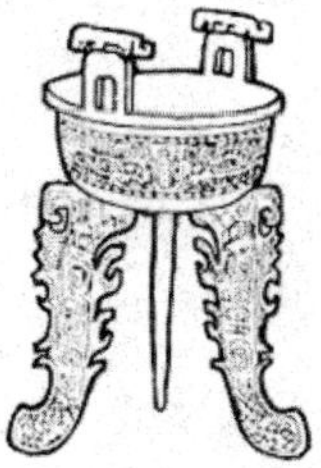

活用历史之『礼』智慧

“礼”是发于心、形于外的道德品质，是衡量一个人道德涵养的标尺。孔子曰:“恭而无礼则劳，慎而无礼则葸，勇而无礼则乱，直而无礼则绞。”意指：原本好的德行没有礼的约束，也只能见到它的不好之处。可见“礼”对一个人品德修养的重要性。

第一节　以礼待人，尊重为先

敬人者，人恒敬之。懂得尊重他人的人，才会受到他人的尊重；不懂得尊重他人的人，也没有人愿意与之同行，最终只能陷入孤立无援的窘境。和别人相处时要留心观察，善于发现对方的长处，真心实意地尊重他人。那时你就会惊奇地发现，在不知不觉中，自己也得到了很多的尊重。

有一位富商在散步时，碰到了一个衣衫褴褛、摆地摊卖旧书的年轻人。富商可怜他就给了他 50 元钱，给完钱转头就走了。没走多远，富商又折了回来，他从地摊上拣了两本旧书说：“对不起，我忘了取书。其实，您和我一样也是商人。”两年后，富商应邀参加一个慈善募捐会。一位年轻书商紧握着他的手，感激地说：“我一直以为自己这一生只有摆摊的命，直到您亲口对我说，我和您一样都是商人，才使我树立了自尊和自信，从而创造了今天的成绩……”这就是尊重的力量，尊重有可能会影响到一个人的一生。

大千世界，芸芸众生，也许我们的性格、身份和观点不同，但是我们渴望获得尊重的需求是一样的。以礼待人，并不只是表面功夫，只有真正懂得尊重他人的人，才能表现出恰如其分的礼节和修养。

三国时期，蜀国大将张飞骁勇善战、英勇无比。但是，他最终没有战死沙场，而是被自己的部将所杀。张飞的死与他接人待物的方式有很大关系。

张飞和关羽跟随刘备第一次看望诸葛亮时无功而返，张飞就说："乡野村夫，找人把他叫来就可以了。"第二次找不到诸葛亮时，张飞又说："量他这个乡野村夫也没什么真正的能耐，不用哥哥去，我自己把他捆来。"

吕布投靠刘备后，张飞对吕布很是不满。刘备让张飞驻守徐州，张飞就故意刁难吕布的岳丈曹豹，以此泄愤，结果导致吕布和曹豹联手夺取了徐州。

蜀国建立没多久，刚知二哥关羽被杀消息的张飞怒不可遏，命令部将范疆、张达在三天之内准备几万套白色的衣甲，三天之后起兵为二哥报仇。只有三天，怎么可能做得完这些工作？范疆、张达向张飞诉苦，他却不由分说打了二人五十军棍。而且下了死命令，如果三天内不能完成任务，就把他们斩首示众。被逼无奈之下，范、张二人只能趁张飞酒醉把他杀了。

除自己的两位兄长外，张飞对别人几乎皆是飞扬跋扈、不知尊重，表面上看是性格直爽，实际上却是失礼和莽撞。

法国启蒙思想家卢梭说："只有一门学科是必须要教给孩子的，这门学科就是做人的天职。我宁愿把有这种知识的老师称为导师而不称为教师，因为问题不在于要他拿什么东西去教孩子，而是要他指导孩子怎样做人。"尊重则是学习做人的第一课。现如今，很多人误将嚣张、跋扈视为张扬个性，在接人待物时无所顾忌、横冲直撞，毫无敬畏之心，这样的做法并不会让人感受到他的个性，只会让人看到他不知礼节、毫无修养。

第二节　不明礼修身，无以立世

一个人能取得多大的成就，完全能从他的一言一行中体现出来。以礼相待、谦虚谨慎的人，总是能逢凶化吉、遇难成祥，为自己的发展加分；反之，如果一个人无德无能、言行无状，必然会自食恶果，成为人人唾弃的对象。可以说，谦逊有礼是广结善缘的基本条件。它不仅能让一个人善有善报，而且能让其今后的道路越走越宽。

子曰："不学礼，无以立。"意思是说，你不学礼，就无法在这个社会上立足。那么，什么是礼？简单地说，礼就是律己的行为规范、敬人的形式过程。

"礼"是儒学创始的中心思想，孔子一生都在推崇"礼"。于丹在她的《论语》心得里这样解释：孔子很重视日常生活中的礼节，他尊礼、守礼、行礼，并不是做给别人看，而是一种自我修养。孔子曾曰"为国以礼"，表示治理国家的核心点就是礼，而以礼治国的起点是自身必须具备"温良恭俭让"的德行。孔子一生的成就与他的修为是分不开的，能达到那样的境界，足以说明"明礼修身"的重要性。

晋周是春秋时期晋国国君晋襄公的曾孙，他爷爷是晋襄公的小儿子桓叔捷，父亲是惠伯公孙谈。晋周生不逢时，当时，晋国国君晋献公宠信骊姬，晋国很多公子都遭到了残酷的迫害。晋周没有争立太子的条件，为了保全性命，就离开了晋国，来到周国。

当时的晋国是大国，而晋周又是以晋公子的身份来到周国，所以受到了格外的礼遇。以前晋国的公子在周国由于自诩高贵、目中无人，所以名声一直不好。但是晋周却不同，他的言谈举止完全不像贵公子，并时时向单襄公学习、请教。

单襄公是周国有名的大夫，学问渊博、待人宽厚，是周天子和各国诸侯王公都很敬重的人物。每当单襄公与天子王公相会议政时，晋周总是恭敬地跟在他后面。有时一站就是几个时辰，从来没有表现出一丝倦意。没有人问话，他从不多嘴多舌；即便有人询问他的意见，他也总是谦虚谨慎地回答。所以王公大臣们都夸奖晋周有礼有节，是少见的谦谦君子。

当时晋国连年战乱，朝野动荡不宁。晋周虽然身在周国，但仍时刻关心晋国的情况。一听到不好的消息，就担忧得流泪；一听到好消息，就兴高采烈。他的行为招致很多人的不解和质疑。对此，晋周解释说：“晋国是我的祖国，虽然有人容不下我，却不是祖国对不起我。我是晋国的公子，晋国就像是我的母亲，我怎么能不关心呢？”

晋周在周国数年，一直注重自己的言谈举止，无时不刻不是一副谦逊有礼的君子之态。在他身上从来没有不合礼数的事情发生，所以周朝的大臣都很爱戴他，甚至单襄公在临终的时候就对他的儿子说：“要好好对待晋周，晋周举止谦逊有礼，今后一定是晋国国君。”果不其然。后来，晋国国君晋厉公骄奢淫逸、不可一世，招致群臣不满。特别是中军将栾书，他建议由晋周担任晋国国君，理由是晋周明礼谦逊、德贤出众。这一建议得到了群臣的一致认可。就这样，晋周回国登上国君之位，是为晋悼公。

晋周当了国君之后，依然保持着谦逊有礼的处世方式，受到他的影响，大臣们也都非常懂得礼让。据《左传》记载，公元前560年的绵上阅军，此次将帅调整最大的亮点就是赵武获得了上军将的位置，在“六正”中位列第三，而栾黡依然是下军将。起初，晋悼公本来想让韩起为上将军，但韩起推荐赵武；又让栾黡干，栾黡也谦让了，不过口气相当有意思:“臣的本事还不如韩起。既然韩起愿意让赵武干，还是按他的意见办吧！”于是，赵武顺利跳跃晋升。《左传》还记载，由于这次集体谦让事件，晋国的民众关系变得非常和谐，各国诸侯之间也变得十分和睦。

故事的主人公晋周是懂得明礼修身的典型人物，从他身上我们可以看到：修身、齐家、治国，这些都与“礼”紧密相连。修身时，礼可以使品德变得高尚；齐家时，礼可以预防和调节矛盾；治国时，礼既有慑服之威，又有收心之用。

在生活和工作中，无礼的人永远不会受到欢迎，即使取得再高的成就，也无法让人真心信服。所以，礼是一个人立世的基础，也是我们展现给他人的品性名片。

第三节　礼遇他人者，方能得他人礼待

以礼待人，不应因对方的身份、地位而有所差别，它是一个人对自身行为的约束，与外界因素无关。越是身居高位的人，越是要以礼节约束自己，不能让自己言行有失。

“礼”是中华民族几千年文化积淀的结晶。早在古代的时候就有“五礼”之说，即，吉礼、凶礼、军礼、宾礼、嘉礼；直到“三礼”（《仪礼》《礼记》《周礼》）的出现，才标志着我国礼仪发展到了成熟阶段。后来，礼仪与礼教相杂，行礼为劝德服务，繁文缛节极尽其能。逐渐地，“礼”成了人们的一种行事工具，延续下来的如“礼多人不怪”“礼尚往来”“以礼待人”等熟语也成为人们的行事准则。

实践证明，“礼”在人们的日常生活和商业交往中都发挥着不可替代的作用。在我国就有一条传统的居家礼仪：来者都是客。无论亲朋邻居、熟人陌客，来到自己家里，都要以礼相待，给来者以温暖舒适的感觉。在不清楚来者的意图之前，切不可傲慢无礼。三国时期的刘备，就是因为以礼待客，竟没有费一兵一卒就占取了益州。

东汉兴平元年（194年），益州牧刘焉得重病去世，刘璋继位。刘璋性格软弱，没有主见，常常人云亦云。驻守在汉中地区的张鲁对刘璋

非常不满，不肯依附刘璋。一怒之下，刘璋杀了张鲁的母亲和弟弟，从此和张鲁结了仇。接下来，刘璋几次派人攻打张鲁，都是大败而归。祸不单行，刘璋的内部又发生了兵变，局势非常危急。

当时曹操正在征讨荆州，平定汉中，刘璋就想借助曹操之力讨伐张鲁。这天，刘璋得到消息，张鲁要领兵夺取西川。刘璋心中非常着急，就召集众谋臣商量对策。有人毛遂自荐说："主公放心，我去求见曹操，请曹操出兵对付张鲁，定叫张鲁不敢发兵征讨西川。"说话的人是益州别驾——张松。于是，刘璋命张松为使臣，带上金银珠宝、锦缎丝绸等贵重物品，去拜见曹操。谁也没有想到，张松是另有打算：他私下里画了一张西川的地图藏在身上。

张松到许都后，每天都到相府去求见曹操。但直到第三天，曹操才接见了张松。

酒桌上，曹操没有劝酒，反而故意问刘璋为何好几年都不来进贡。张松本就因为没有被及时接见而不满，又听到曹操这么问，更是气不打一处来，只好说："路途艰险，沿途贼寇猖狂，无法前来。"曹操听后，一拍桌子，大声训斥道："我已经扫清中原，还会有什么贼寇？"张松不紧不慢地说："还有张鲁、孙权、刘备，他们每人都有兵士十多万人，怎么能说天下太平呢？"曹操见张松有意气自己，又见张松五短身材、长相平平，便更加生气，一挥衣袖，走进了后堂。随后，曹操的手下撵走了张松。

张松本来是想向曹操献地图的，但看到曹操这般态度，顿时改了主意。

翌日，曹操为了示威，让张松来到西校场。曹操点兵5万，兵强马壮，旗帜鲜明。他故意问张松："你们西川有这样的军队吗？"张松说："我们西川虽然没有这样的兵士和武器，但我们讲究的是仁义道德。”曹操听了脸色大变。交谈之中，张松故意揭露曹操的短处。曹操大怒，让人把张松打了出去。

张松回到住处，本想当晚就收拾行装回西川，但是想到荆州的刘备待人仁义，便想去他那里试试。抱着试探的想法，张松去见了刘备。

张松刚到荆州附近，赵云就特意前来相迎。他将张松领到事先安排好的客店，酒宴招待。第二天早上，赵云陪同张松继续前进，刚走出四五里路，只见来了一队人马。原来是刘备带着诸葛亮等人亲自前来迎接张松，这使张松更加受宠若惊。

张松赶忙下马拜见，刘备毕恭毕敬，如见贵宾一般说道：“久闻先生大名，今日得见，幸何如之！”张松随刘备入住荆州城，刘备设宴款待。

在宴席间，张松问：“皇叔除了占守荆州，还有几个郡？”诸葛亮说：“荆州是借东吴的，早晚都要归还。”张松非常疑惑：“东吴已经占据六郡八十一州，难道还不知足吗？”刘备自谦了几句。张松继续说：“您是汉室宗亲，仁义四海皆知。不说占据州郡，即便代替皇帝治国也不过分。”刘备赶忙连连摆手说：“您太过奖了，我怎么敢当啊！”宴席间气氛融洽，各抒己见，都没有提西川的事情。就这样，刘备每天宴请张松，以贵宾之礼相待。

三天之后，张松准备启程回蜀，向刘备告辞。刘备在十里长亭设宴送行，只见他举起酒杯敬张松道：“承蒙您不把我当作外人，畅谈了三天。今天分别，不知道什么时候才能再听到您的教诲啊！”说罢，竟然泣不成声。

张松非常感动，对刘备说：“您如此诚心待我，我也应该知恩图报。目前形势，荆州东面有孙权，背面有曹操，此处不是久留之地。益州土地辽阔、国富民强，智谋之士也仰慕您的为人。假若您带领荆州军民长驱西川，不仅可以大业告成，还可以兴复汉室。如果您真有意夺取西川，我张松愿效犬马之劳。”

刘备谦让称谢，却担忧蜀道之地势。张松见此把西川地图拿了出来，递给刘备说：“皇叔开明仁义，而我也并非卖主求荣。刘璋虽然有益州，但他天性懦弱，不能善用贤人，且背面张鲁时刻想进攻侵犯，导致益州人心不齐，希望能遇到贤明的主公。而曹操傲慢自负，更不能礼贤下士。只有皇叔您以礼相待，我愿献西川地图，辅佐皇叔，共谋天下大事。”

刘备和诸葛亮展开地图查看，地图上详细注明了行程路线，险要峡谷、官府重地以及仓库钱粮之所都做了明显的标注。后来，刘备按照张松提供的情报，并依靠张松为内应，顺利占据了益州，才算真正地立稳了脚跟。从此，迈出了三分天下的一大步。

刘备之所以取得成功，正是因为在面对张松时礼仪周全、尽显真诚，让张松觉得对待自己都如此有礼有节之人定能给天下百姓带来福音，所以甘心为刘备所用。再看曹操，虽然他表面的傲慢无礼也许另有用意，但其将张松的一片好意白白错过，却也令人惋息。

古今中外成大事者，无一不是懂得以礼待人之人。只有真正地礼遇他人，才有可能得到他人的礼待。以礼待人，不论在什么时候都不会过时。

第四节　上下级之间需恪守礼仪

在工作中，人人都想给领导留下好印象，所以，总是处处表现自己。但是，如果掌握不好分寸，就很容易冒犯领导，留下不恭敬的印象。所以，在与领导交往时，无论与对方多么熟悉，自己做过多大贡献，都不要恃功而傲，也不要因略有寸功而小看领导，忽视领导的存在，不给领导表现的机会，弄巧成拙，因小失大。

为人处世，首先要懂得尊重别人，这样才能赢得别人的尊重。尊重往往体现在细节上，比如举止要得体，言语要谨慎，否则就容易在他人面前失礼。特别是在与领导打交道时，更要注意尊敬二字，要懂得维护领导者的形象。

明太祖朱元璋推翻了元朝，打败了各路势力，自己当上了皇帝。他儿时的玩伴方不圆得知朱元璋竟然成了皇帝，就想去找他谋个一官半职。

方不圆千里迢迢来到京城，一见到朱元璋，就阿谀逢迎道：“草民听说您是一个好皇帝，为国打江山，为民谋福利。草民来到京城一看，果然如此。草民此番来到京城是想请求皇上给草民谋个一官半职，让草民不为温饱担忧就可以了。”

朱元璋早就看出他是自己儿时的玩伴方不圆，但看见他这般做派，就故意装作不认识的样子，惊讶地问道：“你是谁啊？朕不认识你呀？”

方不圆一听，心里着急起来，连忙说道：“皇上您认不出我了？草民是您儿时的玩伴方不圆啊！在凤阳城，咱们两个摸爬滚打，从小玩到大。您挨打的时候，都是草民主动承担，替您挨的。有一次，咱们两个偷了一个农夫的豆子，打算偷偷煮来吃。可豆子还没煮熟，您就非要吃，草民坚决不同意，您就开始抢。最后瓦罐都破了，豆子撒了一地。咱们刚要捡，被偷豆子的农夫就追过来了。草民年纪比您大，就主动承担了罪责，让您先跑，我挨了好一顿板子。难道这些皇上您都不记得了吗？”

方不圆本以为自己绘声绘色的描述会让朱元璋记起当年的恩情，没想到，朱元璋听到他说的那些事，非但不感到亲切，反而龙颜大怒：“大胆刁民！竟敢胡乱编故事来骗朕！朕出身于名门望族，怎会像你说得那般不堪！来人啊，把他给我拉出去！”

方不圆怎么也没想到自己竟然弄巧成拙，见事已至此，干脆大骂朱元璋，还喊起了他的小名：“朱老四，你别在我面前耍威风！你当年的丑事还多着呢！当年你不过是一个小乞丐，现在也只不过是一个无道的昏君！”

话没说完，方不圆就被堵住了嘴，最后腰斩于京城街头。

方不圆既不懂得敬畏之道，也不通晓场合之礼，言语中冒犯了朱元璋身为领导者的权威。在上下级关系分明的朝代，又怎会有好的下场呢？莫不说方不圆对于朱元璋来说毫无功劳，即便是身为刘邦股肱之臣的韩信，也因为不谨守君臣之礼为自己带来了灭顶之灾。

司马迁曾说，汉朝的天下有三分之二是韩信打下来的。韩信熟兵法、善计谋，是难得的奇才良将。所以，楚汉之争结束后，功高震主的韩信越发成了刘邦的一块心病。项羽一死，刘邦马上夺了韩信的兵权。在公元前201年，刘邦又以谋反的罪名将韩信诱捕，贬其为淮阴侯。

有一次，刘邦问韩信：“你说我能带多少兵？”韩信说：“陛下带兵最多不能超过10万。”刘邦又问：“那你呢？”韩信回：“我带兵，自然是多多益善。”

这样的君臣对答让刘邦一直耿耿于怀。后来，刘邦再次出征，吕后便同萧何设计杀害了韩信。

可以说，韩信不是死于建功，而是死于邀功，死于他的不尊“礼数”上。在刘邦看来，韩信不过是一个“官不过郎中，位不过执戟，言不听，画不用”的小卒，他冒着被故旧责难等诸多风险提拔韩信。韩信后来虽被封为齐王，可是和刘邦的君臣之分已定，君臣之间的礼数不能逾越，于公于私都要注意说话的方式，“凡言之，礼先行”。

现如今，冒犯领导者威严就会招致祸患的时代早已过去，我们要建立的是一种平等的上下级关系，但这并不意味着就可以忽略上下级相处的礼仪。上下级之间没有不可逾越的鸿沟，下级对上级既要心存敬畏，也要不卑不亢；上级对下级既要有所要求，也要不摆架子、平等公平。双方都保持自己应有的礼仪，才能使上下级关系和谐有序。

第五节　要以理服人，更要以礼服人

真正的君子应该具有天下本是一家的胸怀，并用这样的心与人交往。当你能以有礼、诚恳的姿态影响并且打动别人时，自然也就能够有效改变对方的心态和行为，这时，你不仅是在礼遇他人，更是在实现以礼服人的效果。

礼，不仅仅存在于亲人、朋友和工作伙伴之间，对你的对手也同样适用。礼，意味着尊重和看重，若想让对手信服于你，不仅要能以理服人，更要以礼待人，让对方感受到你最大的诚意。

公元前204年，韩信和张耳率大军进攻赵国。赵王歇和陈余率20万大军迎战，自以为稳操胜券，未料韩信出奇制胜，大败赵军，并斩杀了陈余，活捉了李左车和赵王歇。

在开战之前，韩信就下令要活捉李左车，他认为此人智勇双全，是难得的奇才，必要为己所用。李左车被抓后，韩信亲自为其松绑，并用上宾之礼接待他，还像对待老师一般地尊敬他，向他求教军事方面的问题。

韩信问李左车："我很早就听说您有经天纬地之才，现在我有一事想要向您请教。我和张耳刚刚攻破了魏国和赵国，现在想乘胜攻打燕国和齐国，但是苦无良策，还请您不吝赐教。”

李左车说：“战败之人无所谓才智过人，连国家都没有的人活下去也没有意义，我不过是阶下之囚，不敢表达想法。”

韩信深深作了一揖，说：“我知道，如果当初陈余采纳了您的建议，我们早就成为您的阶下囚了。现在我是诚心求教，还请您不要谦虚。”

李左车被韩信的诚意打动，便说出了自己的想法：“现在，汉军刚刚攻破魏国和赵国，已然非常疲惫。不如暂且补给食物、休养生息，安抚沿途受战乱之苦的百姓，并对将士们进行奖赏。等到时机成熟时，再派兵佯装攻打燕国，然后派使者去燕国报信，告诉他们，汉军已经兵临城下，形势岌岌可危。这样一来，燕国肯定会投降。齐国听说燕国投降了，肯定也会跟着投降。如此，将军不费一兵一卒就能攻取这两个国家。”

韩信听了李左车的建议后非常高兴，当即采纳了他的意见。而事实也正如李左车所料，燕国和齐国果然不战而降。

韩信没有把李左车当作一个战败的俘虏、一个曾经跟自己作对的敌人，而是把他当成朋友甚至老师，从心里佩服他，从行动上尊敬他，待其有礼有节，这才打动了李左车，从而使其为己出谋划策，夺取了胜利。可见，“理”可以使人口服，而“礼”征服的却是坚定的心。

第五章

人心难测，知人最难

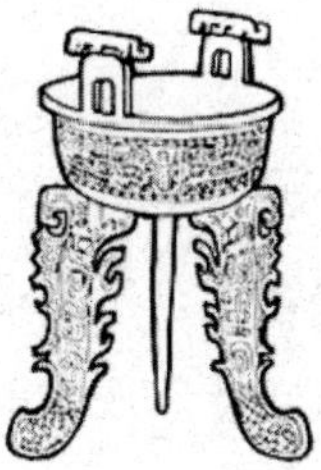

活用历史之『驭』智慧

正所谓人心难测、知人最难，与人相处并非易事。管理之道，不只是相处，还需要在此基础上挖掘职能、协调活动，可谓难上加难。每个人有不同的长处，每个人都能对管理者有不同的帮助，知人善任，方可人尽其才，这才是管理之道。

第一节　不拘一格，慧眼识人

领导者不仅要注重培养发现人才的智慧眼光，不要让任何一匹千里马骈死于槽枥之中；还要善于发现每个人的优势与劣势，将其安置在适合他的位置上。只有善于发现人才、重用人才，才能用他们的双手和智慧为团队创造更多的成就。

得人才者得天下，这是一个永恒的真理。

强者得天下为帝王，弱者失天下为贼寇，而决定强与弱的关键一点就在于是否拥有发现人才、重用人才的本领。换言之，领导力拼的是知人善任，选人为先。管理者要有一双善于发现人才的眼睛，而且也只有经得起考验的人，才能从茫茫人海中脱颖而出。

汉朝时期，汉文帝登基后以和亲之策与匈奴议和。自此之后，双方再没有发生大规模的战争。可好景不长，匈奴单于听信奸佞谗言，于公元前 158 年，起兵 6 万，分两路入侵上郡（今陕西榆林东南）和云中（今内蒙古托克托东北）。先头部队直逼太原郡，烧杀掳掠，无恶不作。

为了阻止匈奴继续南下，汉文帝派三名将军率领兵士奔赴前线，另派三名将军带兵驻扎在长安附近，这三人分别是：将军刘礼驻扎在灞上，徐厉驻扎在棘门（今陕西咸阳市东北），周亚夫驻扎在细柳（今陕西咸阳市西南)。

汉文帝是中国历史上少有的行事谨慎的皇帝。为了慎重起见，他亲自到灞上和棘门视察。所到之处，无不倾营出动，恭迎天子。汉文帝看到他们如此疏于戒备，不禁非常忧虑。唯独到了周亚夫的军中，情况有所不同。

且说汉文帝来到细柳后，周亚夫军营的岗哨看见远远有一队人马过来，就立刻报告周亚夫。将士们披盔戴甲，取出弓箭和刀剑，完全是一副准备战斗的样子。

汉文帝的先遣队到达营门，守营的岗哨立刻将其拦住。先遣队官员大喝一声，说:“皇上马上驾到!”守营的岗哨毫不慌张地回答:“军中只听将军的军令，将军没有下令，就不能放你们进去。”官员正要争执，汉文帝的车驾已经到了，守营的兵将依旧没有放行。

汉文帝命令侍从拿出皇帝的符节，派人给周亚夫传话说:“天子要进营来察看军营。”周亚夫听闻后，仔细查看了皇帝的符节，这才下令打开营门，让汉文帝的车驾进来。护送汉文帝的人马一进营门，守营的士兵又说:“军中有规定，军营内不许车马奔驰。”官员们都很生气，汉文帝却吩咐大家缓步前进。

到了中营，只见周亚夫披盔戴甲，拿着兵器，拱手作揖，说:“臣披甲在身，不能下拜，请允许臣按照军礼朝见。”汉文帝听了，大受触动，扶着车前的横木欠了欠身，向周亚夫回礼。接着，又派人向全军将士传达了他的慰问之意。在回长安的路上，汉文帝随从的官员都非常生气。谁知，汉文帝却对周亚夫称赞不已，称其为“真正的将军”，战后升他为中尉。

第二年，汉文帝得了重病。临死前，他把太子叫到跟前，叮嘱说:

“如果将来国家发生动乱，让周亚夫领兵，必定马到功成。”汉文帝病逝后，汉景帝继位，不久就发生了七国之乱。汉景帝牢记先皇遗言，命周亚夫率军平叛，而周亚夫也不负众望，一举拿下叛军。

军队最注重的就是军纪严明，只有这样的队伍才能所向披靡。正当匈奴犯边的用人之际，汉文帝深知军纪严明的重要性，所以，他不但不在意周亚夫冒犯之举，还重点提拔了周亚夫这个不可多得的将才。也正是因为汉文帝这个伯乐，周亚夫才有了后来平定七国之乱的功绩。

古往今来，几乎所有的朝代更迭都与人才流失相关联。春秋战国时期，王室衰微、诸侯兼并、列国争雄，初期的 140 多个诸侯国，到后期只剩下齐、楚、燕、赵、韩、魏、秦七国。战国七雄虎视眈眈，都想统一天下。没承想，最后的赢家竟然是原本落后弱小的秦国，其关键原因就在于秦国重视人才、任用英杰。由此可知，是人才就要培养，是良才必要重用，善用管理才能稳得天下。

第二节 既往不咎，心怀容人之雅量

“将军额上能跑马，宰相肚里能撑船”，这是一个领导者容人的最高境界。一个人度量的大小，根本原因在于他是否志存高远。有远大抱负、胸怀宽广的人是不会计较眼前得失或个人荣辱的，也只有这样的人，才能受到别人的尊敬和爱戴。

领导者要有容人之量。如果领导者能够不计较员工曾经的过错，还给予他展现能力的机会，那么不仅会收获员工的爱戴，还会激发员工的忠诚度。反之，如果领导者气量狭小，因为员工冒犯过自己，动辄责难员工，那么只能让双方的矛盾更加激化。这不仅阻碍工作的进程，还会让领导的工作难以为继。所以，宽待员工，百利无害。

东汉末年，袁绍向曹操发动了大规模的进攻，并令手下谋士陈琳写了三篇檄文，对曹操大加指责。陈琳才思敏捷、言辞犀利。在檄文中，不但把曹操本人骂得体无完肤，甚至连曹氏宗族也没能幸免。曹操听后恼怒不已，恨不得把陈琳生吞活剥，方能消解心头之恨。

没过多久，袁绍兵败，陈琳就落到了曹操的手中。就在所有人都以为陈琳必死无疑时，曹操不但没有对他进行任何责罚，反而委以重任。

对此，曹操的很多下属不解，纷纷发问：“大人为什么不杀陈琳反而重用他，难道您忘了当初他是怎么侮辱您的吗？他这么侮辱您，您还要重用他，这不是让天下人嘲笑吗？”

曹操哈哈大笑，说：“我和陈琳远日无怨、近日无仇，他之所以侮辱我，是因为当时我们各为其主，不得已而为之。这也正说明了他对主人非常忠诚，我怎么能杀害一个对主人忠诚的人呢？况且，现在正是用人之际，我怎么能乱杀有才之士？那样做的话，天下人岂不是要更加嘲笑我了？我这样做就是要让天下人都知道，对待侮辱过我的人，尚且都能够包容。如此一来，何愁天下有才之士不来投奔我呢？”

曹操对陈琳的既往不咎，不仅体现了曹操身为领导者的胸怀，更体现了曹操擅长管理之道。事实也如曹操预料的那样，陈琳对曹操此举非常感动，自此为其出谋划策，誓死效忠。而曹操也接连招揽了很多有才之士，逐渐开辟了魏国的基业。

所谓人才，往往更具个性。作为领导者，容人之量是必须具备的品质。能容别人所不能容之事，才能凝聚更多有才能的人，不断壮大自己的队伍。因此，容人不能只挂在口头上，更要记在心里，落实在行动中。

第三节　以身作则，敢于为下属担责

当外部压力出现时，领导者必须挡在下属前面，先接受批评、承担责任。等回到内部后，再寻找时机追究细责。不敢为下属承担责任，会被下属看不起，失去威信；只有广施仁爱、以身作则，才能赢得下属的心，由此而来的凝聚力也会让整个团队变得更加坚固。

领导者想要树立自己的威信，不仅要有出色的业务能力，更要有敢于担当的勇气和责任。在规章制度面前，领导者唯有以身作则，才能凭借榜样的力量收服部下；在责任过失面前，领导者唯有先行担当，才能让员工产生足够的安全感和信任感。当领导者想要抱怨成员不服从管理、团队一盘散沙时，务必先思考自己在责任面前是否有所失职。

宋朝初期，丞相曹彬被任命为平蜀战役监军，率大军挺进四川，想要平定大小金川。那个地方是少数民族聚居地，风俗习惯和中原不同。宋军因不了解情况，和当地的少数民族发生了一些摩擦，引起了当地百姓的不满。一名老者来向曹彬告状，说他手下的将军王文武常常逼迫百姓，甚至对老百姓严刑拷打。

曹彬立即把所有的责任都揽在了自己身上，对告状的老者说：“老人家，您不要责怪王将军，他只是听命于我，这些都是我的责任。是我没有把命令和他讲明白，让王将军误会了我的意思，才出现了这种情况。是我的过失，我就应该受到惩罚。”随即命令属下当着众人的面，打了自己二十军棍，以此来惩罚自己的失误。看到曹彬的举动，告状的老人非常感动，也就原谅了宋军的若干暴行。

王文武听闻这件事后非常内疚，主动去找曹彬请罪，还要求曹彬下令罚他四十军棍，以达到警示他人的作用。王文武受罚之后被抬回了军帐。那几个真正做错事的下级军官和士兵也一起来到王文武的军帐，无不叩头请罪，坚决要求给他们严惩。

王文武说：“军纪不严，是我的职责缺失，和你们没有关系。统帅（指曹彬）也已替你们在告状人面前受过军棍处罚了，我也在统帅面前加倍偿还了统帅所受的责罚，没你们什么事了，都回去吧。”

这些人个个羞愧难当，为了报答长官的恩情，纷纷在沙场上冲锋陷阵，后来都成了遵守军纪的典范。而曹彬所率部队也出色地完成了平定大小金川的任务。

曹彬深知只有勇于承担、不逃避责任，才能换得属下的真心拥戴。他用自己的实际行动来表达对下属的爱护和信任，这比说教更有说服力。

只有让下属深刻体会到领导者的仁爱之心，让他们知道领导者有为他们承担责任的能力和态度，才能真正地获得下属的忠诚。曹彬这种无形树军威的管理之策，不仅将他自己的人格魅力展现得淋漓尽致，更显示了他管理有方的统领能力。这种管理之智是值得每一位领导者学习的。领导者要真正站在下属的位置和角度，设身处地地考虑问题，才能让下属团结一致，共同发展。

第四节　请将不如激将，用激将法管理人才

激将法也就是古代兵书上所说的“怒而挠之”的战法。激将法既可用于己，也可用于友，还可用于敌。用于自己时，目的在于调动己方将士的奋斗激情；用于盟友时，多半是要坚定共同抗敌的决心；用于敌人时，目的在于激怒对手，使之丧失理智做出错误的举措。

激将法可以激发员工的潜能和斗志，达到出色完成任务的目的。但需要注意的是，激将法若用到不适当的人身上，便会让问题更加复杂化，很可能适得其反。

请将不如激将，当下属状态萎靡或懈怠时，不妨用激将法唤醒他的斗志。所谓激将法，就是通过各种隐藏手段，想方设法调动对方的感情力量，让对方进入愤怒、不服输等状态，激发其做事的热情和求胜的意志。

具体来说，可以通过贬低一个人在某方面的能力来刺激他去提升这方面的能力；或者对一个人是否能胜任某项任务进行质疑，进而刺激他更好地完成任务。

三国时期，诸葛亮率大军压境，“蛮王”孟获派了三位大将迎战。诸葛亮知三路兵马即刻就到，便马上召集诸将，遣王平、马忠等前去迎敌，独独不派赵云、魏延二人。赵云、魏延二人见诸葛亮不用他们，心里非常生气，就去找诸葛亮理论。

诸葛亮解释说：“不是我不想用你们，只是怕你们不熟悉地形，身处险地，被蛮人俘虏。”

赵云说：“如果我们知道这里的地形，又怎么样？”

诸葛亮说：“你们两个只能小心行事，不能轻举妄动。”

两个人回去后，赵云把魏延叫到自己寨内商议说：“军师叫人做先锋，却因为我们不熟悉地形，反而派了一些黄口小儿前去应战，这不是让我们难堪吗？”于是，两个人决定先悄悄到敌寨附近生擒几名南兵，用酒食款待他们，等探听到敌方虚实之后，再采取行动。

到了深夜，赵云和魏延二人偷袭了金环三结元帅的大寨，取了他的首级，又分兵取其他二寨。魏延杀到董荼那元帅寨时，王平军早到寨前前后夹攻。南兵大败，董荼那元帅夺路逃走了。赵云杀到阿会喃元帅寨时，马忠已杀到寨前。两下夹攻，南兵大败，阿会喃在乱中也走脱了。于是，全部收军，回来拜见诸葛亮。

赵云和魏延把金环三结首级献出，接着说道：“董荼那、阿会喃都弃马奔岭逃走了，我们追赶不上。”诸葛亮大笑说：“他们两人我已擒下了。”赵云、魏延和其他将领都不相信。不久，张嶷押着董荼那、张翼押着阿会喃来到帐前。

所有人都非常惊讶。诸葛亮说：“我观察情况，已经知道他们扎下了营寨，因此激起子龙和文长的斗志，让他们深入敌人腹地，先破了金环大军，然后再派兵从左右寨后抄出，让王平、马忠来接应你们。这件事非子龙、文长不可当此重任。我猜想董荼那和阿会喃必会往山上逃窜，于是，就派张嶷、张翼率先埋伏下来，把这两个人生擒了。”

赵云、魏延都是蜀国虎将，能力毋庸置疑。诸葛亮想要委以重任，却故意先冷落他们，如此一来，果然激起了二人斗志；诸葛亮又以他们二人对地形不熟为由拒绝其参战，这实际上就是告诉他们二人要先熟悉地形，果然赵云和魏延主动了解了敌情，摸清了地形，这才一举破了孟获的营寨。

诸葛亮善于利用激将法，将属下的斗志激发出来，这不仅仅是因为诸葛亮聪明，更是因为诸葛亮了解他们的个性。只有熟悉对方性格，才可以利用这种方法去刺激。因此，并不是每个人都适合此法。一旦决定使用激将法，首先就要权衡对方是否会达到你要的效果。所以说，要想在用人上达到意想不到的效果，就需要在充分了解对方性格的基础上有所选择地刺激他们。

第五节 将刚性管理与柔性管理结合

人们需要刚性管理加以强制约束，也需要柔性管理满足情感需求。所以，二者缺一不可。刚和柔，看似矛盾，实则统一。坚持自己的原则不动摇，是为刚；在原则上融入情理，是为柔。刚，显示出尊严、原则和力量；柔，体现出友善、涵养和通情达理。根据形势变化，灵活运用刚与柔，必能实现有效的人才管理。

早在中国古代，哲人就懂得了“刚柔相济”的道理。在他们看来，任何事物都有刚性和柔性，而且正因为二者相互作用、相互补充，才形成了事物的运动变化，正所谓“一张一弛，文武之道也”。在人才管理上，刚柔相济也是一种有效的方法。清朝名臣曾国藩就通晓刚柔相济之道，在二者之间拿捏得恰到好处，适时地收服了性格各异的将才为他所用。

曾国藩手下有一员悍将，名叫陈国瑞。陈国瑞15岁时在家乡湖北应城投了太平军，后来又投降清军，几经辗转被收在僧格林沁部下。据说，此人从未读过书，不懂得礼节修养，一张口便是粗话连篇，同时他又异常骁勇，打仗时，炮弹击碎了手中的酒杯，他不但不避，反而抓起椅子，端坐在营房外，高叫“向我开炮”，使手下都很敬畏他。

要说陈国瑞是粗鲁莽撞之人，僧格林沁比他有过之而无不及。传说僧王是个暴虐、狂躁、喜怒无常之人，听手下汇报战况也要到处走动，赞赏时不是割一大块肉塞进对方的嘴里，就是端一大碗酒强迫别人喝下去；发怒时则用鞭子抽打或冲过去拧脸、扯辫子，搞得很多人都难以接受。只有陈国瑞不怕这僧王，而是打心眼儿里佩服他。

僧王死后，曾国藩接替剿灭太平军之事宜，与陈国瑞军打上了交道。当处理陈国瑞与刘铭传所统率的两军械斗事宜时，曾国藩感到只有让陈国瑞对自己心服口服，才能在今后为己所用。

于是，曾国藩拿定了主意。他先以凛然之气打击陈国瑞的嚣张气焰，继而历数他的劣迹暴行，使他知道自己的过错。曾国藩的措辞异常严厉，使得陈国瑞都有些灰心丧气，准备打退堂鼓了。这时，曾国藩话锋一转，又表扬了他的勇敢、正直等优点，说他是个大有前途的将才，切不可因莽撞而自毁前程。这使陈国瑞又振奋起来。

紧接着，曾国藩又语重心长地教导他，还亲自为他定下了不扰民、不私斗、不违令三条规矩。一番话说得陈国瑞心服口服，无言可辩，只得唯唯退出。

但是，仅靠这一次的谈话是很难使陈国瑞的莽撞性子彻底转变的。果然，他一回营就将曾国藩所下的命令置之脑后。看到“柔”的作用不大，曾国藩马上请圣，撤去陈国瑞帮办军务之职，责令其戴罪立功，以观后效，并且警告他再不听令就要撤职查办，发往军台。陈国瑞一想到那无酒无肉、无权无势的生活，立即表示唯命是从，率领部队开往指定地点。

面对刺儿头陈国瑞，曾国藩既没有表现得过分妥协，也没有一味地强硬，而是恩威并施，刚柔交替。如此，才让陈国瑞服得彻底，免除了后患。

一个人太柔和，会给人以软弱的印象，觉得好欺负，经常会受到别人的戏弄与伤害。倘若走到另一极端，态度强硬、好勇斗狠，也会让人觉得你锋芒太露，浑身是刺儿，这种强硬积累到一定程度容易触犯众怒，落得没有回旋余地的下场。所以，曾国藩一生不断教育子女，做人应该刚柔并用，不可独取其一。太柔容易软弱，太刚容易折断，唯有柔而不弱、刚而不刺，才是妥帖的做人之道。

第六章

逢山开路，遇水搭桥

活用历史之『变』智慧

古语有云：无亘古不变之法，善变者，当立于不败之地。变，即变通，是指遇事能够随机应变，灵活地选择解决之道，而不是一味地固守教条。逢山开路，遇水搭桥，这是随机应变的精髓。学会随机应变，我们方能反客为主，变被动为主动。

第一节 随机应变解百难

灵活变通也好，弹性处理也罢，都和滑头、毫无原则是截然不同的。此路分明已经不通，却还偏要按照旧时的方法把车开过去——这不是坚持原则，而是蛮干。正所谓因时制宜，配合特定的环境需求设计可行方案，才是智者应该知晓的变通和弹性之道。

在生活和工作中，我们总会遇到常法行不通的情况。这时候，懂得随机应变就显得尤为重要。随机应变要求我们在遇到问题时不必拘泥于教条，能自圆其说便是好的答案；在遭遇危机时不必循规蹈矩，能解决难题便是良方。通往成功的道路不只有一条，我们不应该只在一条道上寻求答案。不被外界因素束缚，灵活应变，才能快速有效地解决问题、脱离危机。

一次闲来无事，乾隆皇帝问刘墉：“北京城说大不大，说小不小。那么，你说京城共有多少人？”乾隆本想刁难刘墉，让他出点儿丑，没想到刘墉脱口而出：“只有两人。”乾隆非常奇怪，问其原因。刘墉解释说：“北京城里人再怎么多也离不开两种人——男人和女人。如此说来，不就只有两人吗？”

乾隆见没有难倒刘墉，于是又问他：“今年北京城里有几人出生？几人去世？”刘墉回答：“只有一人出生，却有十二人去世。”并解释道，“今年出生的人再多也都是一个属相，今年死去的人再多也只有十二种属相。”乾隆听完哈哈大笑，对刘墉大加赞赏。

乾隆提出的问题本就无从应答，可是刘墉却深谙变通之道，灵活地让思维转了一个弯儿，不仅回答了问题，而且还幽默十足。乾隆提出的问题充其量是种小小的刁难，而下面故事中东方朔面对的则是可能伤及性命的危机。

西汉时期，晚年的汉武帝非常希望自己能够长生不老。有一天，他对辞赋家东方朔说：“相书上说，一个人鼻子下面的人中越长，命就越长；人中长一寸，就能活百岁。不知道是真是假？”东方朔听了这话，知道皇上又开始做起了长生不老的梦。汉武帝见东方朔面上似有讥讽之意，就有些生气地质问道：“你竟然敢笑话我！”

东方朔瞬间一惊，意识到自己失了态，只见他马上改变了语气，回答说：“我在笑彭祖的脸太难看了。”汉武帝问：“你为何笑彭祖？”东方朔说：“臣听说彭祖活了八百岁，如果真像皇上所说，人中长一寸能活一百岁，那么彭祖的人中就有八寸之长。这样的话，他的脸岂不是太长了吗？”汉武帝一听，不禁哈哈大笑起来。

东方朔是聪明的，他自知已经流露出了本意，无法掩饰，干脆将矛头转移，既化解了冒犯汉武帝的危机，又含蓄地批评了汉武帝的荒唐。

能否见机行事，体现了一个人解决问题的能力，也体现了一个人在日常交际中的情商水平。随机应变可以把危机由大化小，把难题化繁为简，如果一个人在事情面前不通事理、不懂变化，只会让自己钻进牛角尖儿，走上一条绝路。在实际处理问题时，很多人并非不知道要随机应变，而是懒得跳出惯性思维，这是我们更应该警惕和杜绝的。

第二节 因势利导，随变化而变化

没有什么是一成不变的，按照老方法应对新形势，必然会招致失败。在生活和工作中，一方面，我们要对形势的变化保持警醒，切勿因为缺失新信息而丧失优势；另一方面，我们要摒弃食古不化的行事习惯，积极考虑他人意见的可行性，避免损失。

我们总会遇到一些过于“自信”的人，在看待问题的时候，他们总是觉得自己的决定都是正确的，既不根据事态变化分析情况，也不愿意采纳他人的意见，总要等到损失惨重，才知道当时的决策有多么离谱。这样的人并非痴愚，只是被顽固不化所害。

春秋初期，齐桓公死后，中原地区出现霸权真空。宋襄公欲取代齐国，便乘齐国内乱之机，联合卫、曹、邾等国伐齐。获胜之后，便自以为力量强大，公然逞霸主威风。而早已觊觎中原的楚国正力图北进，不容宋襄公所为，联合鲁、陈、蔡、郑、齐等国，形成与宋国对立之势，并设计使宋襄公在盂地之会中被俘受辱。

即便如此，宋襄公仍未放弃与楚抗衡。他于周襄王十四年（前 638 年）初冬，联合卫、许、滕三国出兵攻打楚国之同盟郑。郑国向楚求救，楚成王发兵攻宋。宋大司马公孙固（一说子鱼）鉴于宋弱楚强之势，力谏宋襄公不可与楚争锋。宋襄公不听，由郑地撤军回宋境迎战楚军。

同年十一月初一，宋、楚两军分别抵进泓水两岸。宋军兵力虽处劣势，但已在泓水北岸布阵，有天然水障可用，占据先制之利。

楚军渡河时，协助宋襄公作战的公孙固建议：楚军人多，我军人少，可乘其渡河之际进行攻击，必能以少胜多。宋襄公认为，仁义之师“不推人于险，不迫人于阨”（《韩非子·外储说左上》）。若乘楚军半渡而击，将是危害仁义之举。于是，拒绝了公孙固的建议。

当楚军成功渡河而尚未列阵之时，公孙固再一次请宋襄公下令攻击。宋襄公认为，“不鼓不成列”（《左传·僖公二十二年》）是古时打仗的成法，宋国虽是亡国（指商朝）之后，亦当遵古训行事。故再拒公孙固之请，直等楚军布好阵势，才发令进攻。结果，宋军在强大的楚军面前溃败而逃，死伤惨重，宋襄公的亲兵尽数被歼，自身亦受重伤。

泓水之战，宋襄公自不量力，已是战略失误；虽处战场有利态势，却拘于前制，循于往古，不知趋利避害、因势而行，更是错上加错。像宋襄公这样做事光有胆识却不懂得权衡事态变化的人，手握再多的资源也不会取胜。如果宋襄公能够审时度势，不在敌强我弱的时候一意孤行，或听取公孙固的意见因势利导，就不会发生兵败亡国的结局了。

第三节 反客为主，变被动为主动

现如今，主动和被动仍然有着不同的现实意义。在工作中，一个人是主动接受任务，还是被动等待任务，决定了他的职业高度；在人生中，一个人是被动地等待环境改变自己，还是主动地改变自己来适应环境，则决定着他的人生质量。这世界从不会因为一个人的不改变而停滞不前，所以，与其被推着向前走，不如主动调整自己去适应形势的发展，让自己离成功更近。

很多人在生活中喜欢守株待兔，只等机会自己送上门来。殊不知，这样的概率可谓是微乎其微。要想成功，不是“坐等”，而是“做求”。从“坐等”到“做求”，意味着主动权从他人转交到自己，你可以占据有利位置，使事情按照自己的意图进行。

公元前628年，晋文公和郑文公相继去世。而早些年秦国派遣来替郑国守城的将军密报秦穆公：“现在，咱们的军队掌管着郑国整个北门的防御，如果大王发兵攻打郑国，咱们里应外合，定能成功。”秦穆公接到密报后派孟明视、西乞术、白乙丙三员大将率兵偷偷前往郑国。他们一路东进，来到了位于秦国与郑国交界处的滑国（今河南省偃师县南）。突然，有人拦住了去路，大声说道：“郑国使臣弦高求见秦国将军！”

孟明视非常吃惊，怎会有郑国使者知道秦军要来？他马上叫人把弦高请了进来。

其实，弦高并不是郑国的使者，他只是一名普通的贩牛商人。在去洛邑做生意的路上，他听说了秦国要来攻打郑国的消息。现在的郑国因为郑文公的去世肯定疏于防范，如果任由秦兵来袭，郑国必定不保。于是他急中生智，一面通知传递公文的驿站，让他们回国报信；一面，他自己带着4张牛皮和12头肥牛，迎着秦军的方向而去。

孟明视问弦高求见自己所为何事。弦高不紧不慢地说：“我们大王听说将军您将要到郑国来，车马劳顿，肯定非常辛苦，就派我当先锋，带着牛皮和肥牛前来慰问，算是郑国对秦国将士的一点心意。”孟明视收下了物品，并且谎称自己是来帮助郑国抵挡晋国进攻的。弦高又说：“郑国夹在秦、晋两国中间，为了能保全自己日夜操练。要是谁敢来侵犯，我们绝对不会姑息。”孟明视心中暗自权衡，遂改口说自己是为攻打滑国而来，接着又说了几句客气话，就把弦高送走了。

无奈之下，孟明视只好下令攻打滑国。西乞术、白乙丙两员大将不明白，孟明视解释说：“咱们千里迢迢来到这里就是为了偷袭郑国，现在郑国得知了消息，他们是以逸待劳，我们却是车马劳顿。如果我们再去攻打郑国，肯定会大败而回。但是我们现在寸功未立又不能空手而归，只有把滑国灭了才好向大王交差。”

另一边，郑穆公一接到报告，就对守城的秦军下了逐客令。最后，郑国在弦高的应变下避免了一场危难。

当弦高得知秦军大举来犯的时候，他没有袖手旁观，而是反客为

主，装作已经识破了秦军的计谋，变被动为主动，打了对方一个措手不及。这一举动不仅保全了郑国，更给秦国以威慑，让他们不敢再次来犯。弦高相机行事，可称得上是一位智谋之士了。

被动和主动最早出现在军事领域，先发攻击视为主动，受人掣肘视为被动。一个人处于主动还是被动，与他最终能否取得战争的胜利有着极大关联。主动者常能掌握整个局面，而被动者常被牵着鼻子走。进而，主动者常能胜出，而被动者常沦落为挨打的对象。所以，变被动为主动是转输为赢的关键，当突发事件出现时，切勿等待结果降临，主动寻求解决之法，才能化险为夷。

第四节　圆融处世，君子贞而不谅

人生旅途中，难免会遇到某些十字路口式的关键时刻。《菜根谭》中说：“处治世宜方，处乱世宜圆，处叔季之世当方圆并用。”记住，我们每个人在社会这个大环境下顽强求生，就要学会在坚持原则的同时，处世要圆通，如此才能在复杂多变的环境中立于不败之地。

世界上的任何事物都是有两面性的，原则也是如此。原则可以使你拥有区别于其他人的人格，但同时，它也会使你变得固执，进而伤害到你。

春秋末期，费无忌阴险暴虐，却因对楚平王极尽阿谀逢迎之能事，得楚平王重用，楚平王封其为楚国大夫，平日对其言听计从，放任他做了很多坏事。

楚国的太子建非常憎恨费无忌，但碍于楚平王对费无忌的宠信，暂时无法除掉他。费无忌同样忌惮太子建，他怕太子建继承王位之后除掉他，便挑拨离间，向楚平王进谗言说太子建和他的老师伍奢准备密谋造反。楚平王对此深信不疑，并传召伍奢。

伍奢为人耿直，对楚平王宠信费无忌早就心存不满。当楚平王说他意图造反的时候，伍奢大怒道："你做了这么多的错事，竟然还听信谗言，连自己的亲生儿子都不相信了！"楚平王见他竟敢当面指责自己，一气之下就把伍奢绑了关押起来。

费无忌见自己的目的没有达到，就再次向楚平王进谗言说太子和伍奢师生情重，楚平王把伍奢抓起来，太子肯定心中不服，必然会造反。楚平王再次听信了费无忌的话，当即下令废掉太子，并且扬言要杀了他。太子得知消息后，连夜逃到了宋国。

太子和伍奢大势已去，但是费无忌仍未罢手。他认为，伍奢的两个儿子伍尚和伍子胥都是难得的人才，如果不趁机除掉，必然后患无穷。他建议楚平王杀掉伍奢的两个儿子，并献计说："我们可以让伍奢写信给他的儿子，谎称如果他的两个儿子来见他，就可以放了伍奢。只要他们两个赶来，我们就可以瓮中捉鳖，将他们父子一起除掉。"

伍子胥和伍尚看完信后非常担心，伍尚当即表示要马上去救父亲。但是伍子胥却说："我看这封信不是按照父亲的意愿写的，其中必定大有文章，我们还是静观其变为好。"

伍尚说："如果我们不去，怎么能把父亲救出来呢？"

伍子胥分析说："我们不去，楚平王顾忌我们，就不会杀害父亲；我们去了，楚平王少了顾忌，一定会杀了我们父子。"

伍尚说："能见父亲一面，我死而无憾。"

伍子胥劝他："如果我们都去送死，谁还能为父亲报仇呢？"

伍尚不听伍子胥的劝告，独自去了郢都。

伍子胥叹息说："你我恐怕再见无期，我再也见不到你和父亲了。"

不出伍子胥所料，伍尚一到郢都就被楚平王杀害，他的父亲伍奢也没能幸免。楚平王下达命令，全力捉拿伍子胥。伍子胥得知父兄死亡的消息后，心中起誓必为父兄报仇。之后，他投靠了吴国，最终成就了一番伟业。

当楚平王斥责伍奢谋反的时候，伍奢并没有选择变通处之，而是当场指出楚平王的劣迹——他的下场是被杀。当书信送到伍尚和伍子胥的跟前时，伍尚明知是死棋仍去莽撞救父——他的下场也是被杀。如果伍子胥也同样行事，那么伍子胥就会和自己的父兄死在一起。他们的死的确圆了父子亲情，但明明有更好的解决方法，为何偏偏选择牺牲性命呢？

所以我们说，虽然人要有自己坚守的原则，但不应该为了成全所谓的美名而固守原则，更不可忽视时间、地点、环境等客观因素的限制而对原则顽固坚持。林语堂说过：“明智的放弃胜过盲目的执着。”人生的道路有千万条，如果此路摆明了“不通”，我们又何必固执于旧有的方向？锲而不舍的确是一种可贵的精神，但前提是要走在前方终有出口的道路上。

第五节　适时转弯，在绝境中找寻生路

不做出改变，就永远不会出现生机。因而，人处在瓶颈的时候，要学会变一个方式去处理，哪怕这一方式会暂时造成一些损失。俗话说得好：“留得青山在，不怕没柴烧。”只要根基还在，便不用忧虑一时的得失，一旦你找到新的出路，新的收获也会随之而来。

有时候，我们会有山穷水尽、无路可走的错觉。但其实，只要我们转个弯儿，或是试着往旁边跨几步，就会发现原来旁边也是路，而且是无数条全新的路。在漫漫人生路上，从来没有全然的绝境。转个弯儿，你便可以在看似绝望的处境中发现新的机会。

清朝时期，官员王有龄受到抚台黄宗汉的称赞，领了催运漕米的任务。运送漕米原本是一项肥差，但是当年浙江闹了旱灾，一方面干旱导致粮食收成不好，进贡的漕米筹集不到；另一方面，少雨使本来就淤塞的运河更是浅可见底，有米也难以运出。现任藩司觉得此事很有可能受累不讨好，甚至还会有杀身之祸，就把漕运的事一股脑儿全都推给了王有龄。

王有龄接到任务后，将运送漕米的方式由河运改成了海运，路线也变

为先由浙江运到上海，再由上海运到京城。原本漕米就欠账太多，现在又由河运变成了海运，让很多人没了饭碗，所以没有人愿意出力。时间就这样一点一点地过去了，眼看就要到最后期限。王有龄非常着急，于是就请好朋友胡雪岩前来帮忙。

胡雪岩为王有龄想出一个方法：既然漕米少且无法运出，莫不如就在上海买米。全天下的米看起来都一样，买米不仅补了漕米的缺，还省了海运，一举两得。

按照胡雪岩的办法，王有龄不仅圆满完成了这次漕粮运送的任务，还收获了丰厚的利润。

其他人只专注于如何将漕米运出，而胡雪岩却回避了问题的纠结点，从另外的角度开创了一个全新的局面。所以，当我们走进死胡同时，切不可一条道儿走到黑，或者干脆自暴自弃，不妨关注一下问题的其他条件，寻找一条新的道路。头脑灵活、善于观察，不断根据形势而变换思路，就一定会获得别人难以企及的成就。

第七章

不防于小，终亏大德

《明太祖宝训·卷四》中云：“不虑于微，始贻大患；不防于小，终亏大德。”意指：做事不注重细节，必然导致祸患；做人不注重小德，必然有损大节。做人做事必要慎微，即谨慎行事、防微杜渐，警惕千里之堤溃于小小蚁穴。

第一节　讷言敏行，三思而后说

正所谓“说者无意，听者有心”，有时候不经意说得一句话就可能会对他人造成极大的伤害。这就需要我们说话前多想一想，深思熟虑后再把话说出来。

往往我们在面对能力比自己弱的人时，很容易犯轻视他人的错误。当对方地位比自己高，轻视就成了冒犯；当对方地位比自己低，轻视就成了傲慢。所以，越是能力强，越要注意自己的言谈举止。敏于事而慎于言，少言多思，这样才能不失礼节、少犯错误。

有的人说起话来滔滔不绝，表面上看起来非常健谈、能力非凡，但实际上总是言多必失、祸从口出。话说得越鲁莽，越容易伤人坏事、犯下错误。一个人可以敏于行，但一定要慎于言，这样才能避免犯下更多的过失。

战国时期，秦国大将白起出身行伍，擅长用兵。秦昭襄王十三年(前294年)，他凭借自己的军事才能，从底层士兵一路升至左庶长，统率大军进攻韩国新城(今河南伊川县西)，由于战功卓著，第二年升至左更。而后，他再次出兵攻打韩、魏，攻陷5座城池，歼灭韩、魏大军20余万人，并俘虏敌军大将公孙喜。这次大胜使白起一战成名，升至国尉。秦昭襄王十五年（前292年），白起官升大良造，率兵攻打魏国，占领大小城池共61个。秦昭襄王二十九年(前278年)，秦军伐楚，秦胜楚灭，白起获封武安君，名震天下。

秦昭襄王四十七年（前260年），长平之战爆发，白起在此战中使赵国元气大伤，唯以求助魏国得一时喘息避免亡国。长平之战后，白起欲乘胜灭了赵国，然而范雎听信谗言，恐白起再得灭赵之功，建议韩、赵割地求和，秦昭襄王允。秦昭襄王四十九年（前258年），秦攻邯郸不顺，恰白起病愈，秦昭襄王欲其受命，白起恐赵国里应外合破了秦军，故而建议秦昭襄王不要现在攻打赵国，秦昭襄王不听其劝，改派他人。

果如白起所料，邯郸久攻不下，楚、魏两国联手攻秦，秦军伤亡惨重。白起听到消息后说："当初秦王不听我的话，结果怎么样？"秦昭襄王听闻其言大怒，强迫白起出战，白起以病重之由拒绝；派范雎再请，仍拒。而后，秦军节节溃败，秦昭襄王迁怒白起，命其即刻启程，白起只好带病上路。然而，秦昭襄王听信范雎之言，认为白起有不服之气、故意跟自己过不去，就下令赐白起自刎。秦昭襄王五十年（前257年），白起死于杜邮（今陕西省任家咀村）。

白起一生顺风顺水、战功卓著，一句无心之叹却成为他丢失身家性命的导火索。然而，事实就是如此，"慎重则必成，轻发则多败"。凡事三思而后行，凡话三思而后说，谨言慎行，才能让自己少犯抱恨终身的错误。

第二节　提高边界意识，懂得适可而止

很多人出于好心，在没有征得别人同意的情况下就帮人做了一些事，但到最后，不但没有得到别人的夸奖，反而受到一通斥责。这就是缺乏边界感的结果，越过了自己的职责和权限，即使做成了事，也是受累不讨好。

在涉及他人的时候，我们更应该学会衡量。不能盲目地去插手他人的世界，这样只会遭人反感，让自己的人际关系变得紧张。同时，我们不要把自己看得有多么重要，以为帮助过他人就应该得到对方无限制的包容。无论做人还是做事，都要记得衡量自己的行为是否过度，谨记适可而止的道理。

人生是一门艺术，其中最为精要之处便在于行事做人要懂得适可而止。适可而止意味着做人有边界感，不打着关心的名义探听隐私，不向他人提出超出本分的要求；适可而止也意味着做事有分寸感，做好自己的事，不随意在他人的人生里指手画脚，甚至越俎代庖。

洪武元年（1368年），朱元璋一统天下，建立了大明王朝，定都南京。为使京城固若金汤，朱元璋提出修建南京城的城墙。但由于刚刚建朝，国库资金有限。就在他为修建款发愁的时候，江南有位名叫沈万三

的巨富主动提出要报效朝廷，承担了修整城墙1/3的费用。同时，还进献给朱元璋一大批黄金白银，花巨资在南京城内修建了豪华的酒楼、长廊等。作为回报，朱元璋给沈万三的两个儿子都封了大官。

修完城墙之后，沈万三觉得还是有点儿不满意。他主动找到朱元璋，要求陛下犒赏三军，资金由他来出。朱元璋听后非常生气："一个乡野匹夫，敢因为修筑城墙之事而邀功，竟然还想犒劳天下的军队，这不是想要乱民造反吗？"于是马上下令，要将沈万三斩首示众，以儆效尤。幸亏马皇后及时劝谏，沈万三才得以免除死罪。但朱元璋余怒未消，就把沈万三发配到了云南，他的第二个女婿也被流放到了潮州。

事情并没有就此终止。洪武十九年（1386年），沈万三的两个孙子沈至、沈庄又因为田地税赋而坐了牢，沈庄当年就在牢中死去。接着，在洪武三十一年（1398年），沈万三的女婿顾学文又被牵扯到了蓝玉谋反一案中，顾学文一家及沈家六口，包括沈万三的曾孙沈德全，近80多人全都被凌迟，田地也被朱元璋全数没收。

就这样，富族沈氏，在短短几十年时间内，家破人亡、一败涂地。

沈万三承担了修筑城墙的费用，因功受赏仍不满足，越俎代庖，企图行使只有君王拥有的权利，超越了臣子行事的限度，还能期望有什么好的结局呢？

凡事讲求一个度，过分了就会走向反面。一个人帮助了他人，不代表他就有了插手他人决定的权利；一个人有了功劳，也不代表他就有了可以恃宠而骄的本钱。得寸进尺，不仅会消磨掉原本的好感，还会招致更大的不满和反感，让人失去更多。

第三节　雕琢细节，才能成就大局

越是细微之处，越能反映本质。一个人的无心之举最能反映他的人品，一种商品的细节设计最能反映它的品质。有人曾说过：“细节，在市场竞争中从来不会叱咤风云，不像疯狂的促销能立竿见影地使销售额飙升。但细节的竞争，却如春风化雨润物细无声，一点一滴的关爱，一丝一毫的服务，都将成就自我。”这就是细节的魅力。现代社会同质化和专业化愈发凸显，未来的竞争主要表现为细节的竞争，细节决定了成败。

很多人讲究“差不多”就行了，认为凡事没有必要那么精确。但是，在当今社会，人们对各方面的追求越来越细致，这种“差不多”的思想早已失去了生存的土壤。

江河之大，不择细流；九层之台，起于垒土。小是大的分支，没有小的积累，便没有大的开阔；不重视细节的雕琢，必会导致大局的失败。做人做事，既要放眼全局，又要关注细节，切勿使千里之堤溃于小小蚁穴。

公元前555年，齐国攻打鲁国。鲁国抵挡不住，只能求救于晋国。晋国召集郑国、宋国等十一路诸侯，一起出兵攻打齐国。齐王得知消息后，亲自率领大军前去迎战。第一次交锋是在平阳城外，齐国遭受到前所未有的损失。晋王又虚张声势，四下制造假象，让齐国以为晋国军队非常强大。于是，齐王不得不准备偷偷撤军回国。

齐王下达回国的命令是非常谨慎的，甚至连手下的一些将领都不知道。当天晚上，齐王要求兵士卸下铠甲武器，马蹄裹上厚布，所有人安静地撤离，连平阳城的百姓都没有惊动。齐王自以为此次行动神不知鬼不觉，却万万没想到，晋国军队还是冲杀了过来。最后，齐国大败，很多人被活捉，成了晋国的俘虏。

那么，齐军撤退的消息是如何泄露的呢？难道是晋国的探子得知了消息？

其实不是的。当时齐军撤离的时候，晋王正在中军帐内召集诸侯商讨次日攻城的计策，根本不知道平阳城里的情况，是晋国的乐师师旷闲来无事在城外赏月，听到平阳城内传来乌鸦的悲鸣声，又听到了马匹嘶叫寻找同伴的声音，对声音敏感的他猜到是齐王要弃城逃走。于是，他连夜拜见了晋王。晋王听后不免大吃一惊，却并不相信师旷。

师旷解释说："我是乐师，对各种声音都非常敏感。平阳城内乌鸦的悲鸣和马的嘶叫都极不寻常，肯定是齐国军队有所异动。大王，机不可失，时不再来！"

最终，晋王听从了师旷的建议，和各路诸侯向平阳城发起进攻。正如师旷所料，那里已然是一座空城。于是，大军继续追击。最后，晋军打败了齐军，取得了胜利。

齐王的撤退计划可谓细致缜密，却因极其细微的鸟鸣、马嘶之声败露。倘若齐王想到这一细节，就不会功亏一篑；倘若师旷未曾在意这一细节，晋国也不能取得胜利。所以，决定成败的因素往往没有我们想象的复杂，也许就是那个你从未放在心上的微末之处。

第四节 做好每一件小事，切勿因小失大

在这个社会中，想做大事的人很多，愿意把小事做细的人却很少。然而，生活中很多事情都是牵一发而动全身，只要稍微挪动了某一环节，就会让整个事情发生连锁反应。有些小事是事态发展的起因，微不足道却后患无穷。所以，真正的智者懂得见微知著，从小事看到事态发展的方向，从而清除隐患，避免失败的发生。

老子曰："天下难事，必作于易；天下大事，必作于细。"他精辟地指出要想成就一番事业，必须从小事做起，从细节入手。

先做好每一件小事，才能顺利地成就大事，这是从量变到质变的积累。一个人对待小事的态度，也决定了他所能达到的职业高度。因为工作无小事，每一件看似微不足道的小事，往往对最终的成败起着至关重要的作用。一个人是否肯为小事投放精力，反映了一种态度，更体现了一种智慧。

战国时期，中山国国君在一次酒宴上准备了一些羊羹招待大臣。不知哪个环节出现了差错，这些羊羹到最后不够分了，有一个人没有喝到，这个人就是司马子期。

司马子期觉得自己被忽视了，很没有面子，一气之下跑到了楚国。他建议楚昭王攻打中山国，并向楚昭王提供了中山国的布防和军事储备等军情。楚昭王野心勃勃，当然不会放过这个机会，当即率大军前来攻城，一举灭了中山国。

幸运的是，中山国国君并没有死，他逃了出来。在逃亡的路上，他惊恐地发现有两个人一直跟着自己。他鼓起勇气问其缘由，其中一人回答说：“我们的父亲曾经受过大王的恩惠。当年连年战争，粮草告罄，幸亏大王给了他一碗饭，才保住了性命。父亲临死前嘱咐我们，如果中山国有难，我们两个拼死也要保护您。”

中山国国君听后不免感慨万千：“人生不在于锦上添花，而在于雪中送炭。我因为一杯羊羹而亡国，却又因为一碗饭而得到两个忠义的兵士。”

中山国国君败于小事，也成于小事。因为考虑不周，一碗羊羹汤就夺去了他的江山；因为心有善念，一碗饭就保全了他的性命。我们以为小事无足轻重，不值得认真对待，殊不知，正是很多不起眼的小事改变了大局的走向。当因小失大时，也只能追悔莫及。

第五节 从细节提升解决问题的能力

侦探是拆解事件的高手，他们头脑清晰、观察仔细、思考周密，所以才能看到别人漏掉的、想到别人想不到的细节。一旦抓住事情的关键点，就能很轻易地明白事情的真相。现实生活中，我们要面对的复杂事态，虽然性质与案件不同，但麻烦程度却不差多少。我们也必须像侦探一样，将事情拆解，从细节入手，一一分析其中的可能性，从而发现症结所在。

在生活和工作中，我们时常会遇到看似毫无头绪的棘手问题。这时候，能否发现其中隐藏的症结点，就成为能否解决问题的关键。任何问题都必然有迹可循，将复杂拆解，从细节分析，是发现真相的有效途径。

三国时期，吴王孙权幼孙子孙亮聪明好学，深得孙权喜欢。孙权死后，孙亮就登基成了东吴的皇帝。

有一天，孙亮闲来无事，逛到花园，看到硕果累累的梅子，食欲被勾了起来，就叫身边的侍从摘几串梅子尝尝鲜。他吃了一个，说:“这梅子口感不错，就是涩了一点儿。”侍从说:“既然陛下喜欢，不如用蜂蜜浸泡。这样能去除涩味，增加口感。”孙亮一听非常高兴，立刻吩咐侍从去仓库取蜂蜜。侍从们取来一坛蜂蜜，但是刚一打开就傻了眼。原来，那蜂蜜上面赫然漂着几粒老鼠屎。

孙亮吃梅子的兴致马上荡然无存，他问侍从：“这蜂蜜里怎么会出现老鼠屎？”侍从非常惊慌，回答说：“这些蜂蜜一直是库吏在管，只有他们才知道。”孙亮非常生气，命令侍从马上把库吏带过来。

库吏同样非常惶恐，他向孙亮解释说：“蜂蜜入库的时候，的确是我亲自封的口。自此之后，坛子从来没有动过，我也不知道为什么会出现这种东西。我真是冤枉的！”

孙亮听完之后，觉得这件事内有文章，又问库吏：“封口之后，有人去过仓库没有？”库吏连忙说没有。孙亮又问：“前几天有人向你要过蜂蜜吗？”库吏指着身旁的一名侍从说：“他向我要过，但是因为没有陛下的旨令，我就没有给他。”那名侍从赶忙跪下：“我伺候陛下一直非常谨慎，从来没有做过越轨的事，还请陛下明察。”

这样一来，双方各执一词，难以明了。有人建议移交司法部门，让他们审理。孙亮说：“这么点小事，犯不着惊动司法部门。你们去把老鼠屎掰开，如果老鼠屎里面是湿的，就证明在坛子里的时间已经很久了，这就是库吏的过错；如果老鼠屎里面是干的，那么必定是有人新放进去的，那就是这名侍从搞的鬼。”

众人恍然大悟，把老鼠屎取了出来，掰开一看，里面是干的。那名侍从见事情败露，磕头如捣蒜，请求孙亮饶恕。

在这一事件中，小小的老鼠屎就是问题的症结点，这是一个很小的细节，细心的孙亮发现了这一点，从而勘破了真相。很多时候，看似复杂的问题之下是极为简单的诱因。“细节中隐藏着魔鬼”，抓住了细节，往往也就抓住了解决问题的关键。

第八章

处变不惊，居安思危

《左传》有云:“《书》曰:‘居安思危。’思则有备,有备无患,敢以此规。”先贤曰:“人心唯危,道心唯微。”此二者充分揭示了危机意识在人生中的重要意义。人终其一生都需要在危途中行走,唯有如此,才能路路通达。

第一节　忧患则生，安乐则亡

懒惰也好，麻痹也罢，没有忧患意识的自我满足，只能让人们像“温水里的青蛙”一样逐渐丧失斗志，加快灭亡的速度。追求进步和发展应该是自然界的本质，是宇宙万物永恒运动的原动力。沉溺于安逸的环境，不思进取，其实是有违自然发展的规律的。忧患则生，安乐则亡，只有保持危机意识，才能让自己不失去前进的动力，防止出现人生停滞甚至倒退的情况。

“入则无法家拂士，出则无敌国外患者，国恒亡。然后知生于忧患而死于安乐也。”这是孟子教给我们的道理。一个国家如果没有可以对其形成威胁的敌人，那么这个国家离灭亡也就不远了；一个人如果贪图安逸、只知享乐，那么这个人也就离荒废不远了。我们渴望安逸的生活，殊不知，安逸就是危机的帮凶。丧失危机意识，就是走下坡路的开始。

春秋时期，鲁国大夫公父文伯少年得志，做了大官，被很多人称赞。公父文伯因此非常得意。

有一天，公父文伯回到家中看见母亲敬姜正在纺线，大吃一惊。他走过去，对母亲说：“我现在已经做了大官，怎么母亲还在家里纺线赚钱？这让别人知道了，岂不是会笑话我不懂得孝顺？”

敬姜停下手中的活，看了一下儿子，说：“你怎么不懂我的心思呢？如果做了大官的人都像你这个样子，鲁国就离灭亡不远了。”

公父文伯更是惊讶，问道：“母亲，您怎么会这么说？”

敬姜说：“以前，贤明的君主都是居安思危，先天下之忧而忧的人。安于现状，坐吃山空，顾得眼前利益，却不顾长远，只会消磨掉一个人的意志，让他走向灭亡。”敬姜接着问儿子，“在你小的时候，我曾希望你天天都能为国家和百姓打算，这样才能培养你的忧患意识，更好地完善自己。你还记得当时我说的话吗？”

公父文伯说：“记得。”

敬姜说：“既然记得，为什么做了大官就觉得高枕无忧了呢？你这样做官，怎么能不让我担心呢？你这样不仅是对自己不负责，更是对国家和百姓不负责。长此以往，你就是犯了渎职的大罪啊！我纺线就是为了提醒你要居安思危。如果你每天都声色犬马、不思进取，我就只好天天纺线，直到你发现为止。这样才能让你做个好官。”

公父文伯闻言惭愧不已：“母亲，我知错了，日后定不忘您的教诲。”

敬姜知道，由俭入奢易，由奢入俭难，儿子再骄奢下去，只会自取灭亡。于是，她便借着纺线的机会来劝导他不要耽于享乐，以期他重归正途。

在阿拉斯加的一个自然保护区，人们为了让鹿能更好地生存，就将狼全部猎杀。鹿没了天敌，每天都是吃饱了睡，睡饱了吃。时间一长，再也没有了以往矫健的身姿，甚至出现了大批死亡的现象。无奈之下，人们只得又把鹿的天敌请了回来。自此，鹿又开始为了逃避天敌而不断奔跑的日子，慢慢地恢复了往日的生机。

人也是如此，如果我们失去了危机意识，每天只知享乐，就会不断消磨自己的斗志，让自己对于随时可能到来的危机失去免疫力；只有居安思危，在安逸中继续保持艰苦奋斗的作风，才能让自己不断蜕变，从而取得更大的成就。

第二节　先知先觉，消危机于无形

想要先知先觉，你首先需要做的是培养细致观察、勤于思考的习惯。发现大家都能看出的危机，不叫先知先觉。只有众人觉得安全、一片祥和之时，才是你最应该保持警惕、绷紧神经的时候。

我们经常会误以为危机是突然而至的，无法预测，也无法防备。实际上，在日常生活和工作中，总是会有蛛丝马迹预示着危机的到来。这时就需要我们有敏锐的神经和细致的洞察力，发现端倪，消化于无形。

一日，刘邦发现很多大臣聚在一起窃窃私语，觉得非常奇怪，便问张良他们在商量什么。

张良回答说："他们在密谋，准备造反。"

刘邦大惊失色道："为什么想要造反？"

张良说："现在，被重用的都是萧何、曹参等跟您亲近的人，被诛杀的都是和您疏远的人，他们中的多数人都是得不到重用的。并且，让每位大臣都得到奖赏，那也是不现实的，因为就算把天下的土地都分封出去也不够，所以他们能得到的赏赐也微乎其微。这些大臣觉得，既得不到奖赏，反而可能被诛杀，还不如聚众造反，或许还能突围出来，保全性命。”

刘邦问：“那朕应该怎么办？”

张良反问刘邦：“您现在最痛恨的，而且很多人都知道皇上恨的这个人是谁？”

刘邦不假思索地答道：“雍齿。”

“正是。如果皇上都能给雍齿封侯，群臣必然认为，他们升职也指日可待。如此，大家的恐慌心理就消失了。”

刘邦听从了张良的建议。果然，这些大臣安了心，汉朝的统治也得以稳固。

张良从大臣的窃窃私语中发现了刚刚建立的汉王朝所潜藏的危机，并且向刘邦提出了化解危机的办法，维护了年轻汉朝的安全和稳定。如此先知先觉之人，真当得起是智者！

燕子低飞证明暴雨将至，牲畜不安证明地震可能来袭。生活中的许多事情看似偶然，实则在偶然中潜藏着必然。没有人天生就能先知先觉，但只要你有足够的危机意识，勤于观察、乐于思考，就一定可以发现表面现象之下的波澜，将危机扼杀在萌芽中。

第三节　凡事未雨绸缪，时时有备无患

很多时候，我们不缺少防患的意识，只是缺少防患的实际行动。我们总是在口头上说要有所准备，却心有侥幸，懒得行动。似乎因为没有看到危机真正发生时的惨烈，就不足以引起我们的重视。然而，即便危机发生的概率只有万分之一，若发生在你的身上，就是百分之百。等到事情发生后才头痛医头、脚痛医脚，早已失去了先机，为时晚矣。

古时候有个名叫智子的人。有一天天降大雨，把智子家的院墙冲倒了。当时一位邻居劝他赶快修好，否则很可能会有盗贼偷他家的东西。话是好话，但是智子却觉得，墙虽然塌了，但是自己的钱财还没有丢，何必着急修墙呢？结果当天晚上，智子的家就被洗劫一空。

意识到了潜在的危险却疏于防范，必然会导致损失。所以，人们常说“未雨绸缪”。在做事的过程中，与其出现问题时再慌忙应对，不如事先就做好准备，把损失的系数控制到最低。

春秋末期，智伯联合韩国和魏国欲攻打赵国。赵国的赵襄子和张孟谈马上讨论防御之法。张孟谈建议说：“先王赵简子的臣子董安于先前

将晋阳治理得非常好，被当时的人们所称赞。董安于的治理方略流传了下来，如果我们到晋阳去防御肯定会收到很好的效果。”

赵襄子听从张孟谈的建议，辗转到了晋阳。不去不知道，一去吓一跳。晋阳城远没有想象得那么好——存粮不足，钱财不多，兵器稀少。

赵襄子本来高涨的情绪瞬间凉了下来，他问张孟谈：“晋阳城什么都没有，我们如何抵御韩国和魏国的进攻呢？”

张孟谈答道：“圣人治理国家，不在于国家的仓库有多少粮食，而在于百姓的手中有多少粮食；不注重建造高大的城墙，而是用圣明的治国策略感染百姓，让他们得到教化。这样，百姓自然会对国家感恩戴德。如今，晋阳城就是如此。您可下令要百姓保留三年的生活必需品，交出多余的金钱和粮食，并让年轻的人去修筑城池，百姓自会服从命令。”

第二天，晋阳城的百姓果然送来了粮食和钱财。这时，赵襄子又发现了一个问题，他问张孟谈：“我们没有箭，该怎么办？”

张孟谈答道：“昔日，董安于治理晋阳的时候，用楛木等加固了城墙，现在可以取出一些作为箭杆。官府的柱子是青铜打造的，我们可以用它来做箭头。”

赵襄子依言行事。因为原料充足，做出来的箭也非常好。等到智伯率领韩国和魏国的大军来攻打的时候，晋阳城上下同心协力，大破智伯军队，守住了赵国。

晋阳城看似毫无准备，实则储备丰富，这就是才臣董安于的高明之处。他将制作箭杆之木放于城墙中，将铜作为柱子来储存，又教化人民有方，如此，当敌人来袭时便可就地取材、用之不尽。张孟谈了解董安于，所以始终从容淡定。正所谓“胸中自有雄兵百万”，能够退敌的条件早已“埋下了种子”，如今，就只等“开花结果”了。

当天下安定的时候，需要做好战时准备，如此当侵犯来袭时才能有所倚仗；同样，当生活安逸的时候，仍需要为未来做好打算，如此，当危机突发的时候，才不至于陷入“临时抱佛脚”的窘境。防患胜于救灾，事先有防范，遇事才能不惊慌失措。

第四节　听话听音，明白对方的真正意图

在与人交流时，我们要对他人的话语持有鉴别的态度，不能不听不信，更不能全听全信。保持独立的思考，带着自己的主张听人说话，才不会被所谓的“糖衣”所蒙蔽。另一方面，在与人沟通的过程中，对方可能不会明白地说出自己的情感需求，而听话听音则能帮助我们识别出他人的意图，从而给予对方真正需要的慰藉。

在听别人说话时，不能对方说什么你就信什么。别人随口一说，你却把他的话当成圣旨一样记在心里，这是非常不明智的。有句俗语叫“听话听音”，意思是，听人说话要能听懂言外之意，学会区分哪些话应该如风过耳，哪些话应该记在心间。如此，才能成为一个明智的人。

战国时期，宋君偃想称王却遭到了齐国的反对，并打算率领大军来攻打宋国。无奈之下，宋国只好派臧孙子到楚国求救。臧孙子心中惴惴不安，宋国乃弹丸之地，而齐国却是一代霸主，楚国怎么可能会为了一个小小的宋国而得罪齐国呢？

没想到，见了楚王后，对方不假思索地就答应了下来。但是在回国的路上，臧孙子仍然高兴不起来。看到大事已成而主人却一脸愁容，

臧孙子的车夫不禁感到非常奇怪，就问他："楚国已经答应发兵援救了，您怎么还不高兴呢？"

臧孙子说："宋国是小国，而齐国和楚国都是大国。楚国怎么会为了小小的宋国而发兵攻打齐国呢？想必，楚王对这件事肯定别有用心，他表面上答应我们，是为了让我们坚定抵抗齐国的信心。这样，或多或少都能削弱齐国的一些力量。到那时，楚国如果再发动兵力攻打齐国就简单得多了。"

结果正如臧孙子所料，齐国连续攻下宋国5座城池，楚国仍未发兵。

救宋于楚王无益，楚王答应得如此爽快，明显就是想让臧孙子快点儿离开而说出的一些场面话罢了。语言有时候会被披上美丽的外衣而呈现在众人面前。正所谓听得弦外之音，就是需要我们透过现象看到本质，警惕被华而不实的包装所迷惑。

第五节　处变不惊，方能转危为安

成大事者，必须具备坦然面对各类情况的心态，就像《留侯论》中所言：“大勇者，卒然临之而不惊，无故加之而不怒。”遇到危险，沉着应对可化险为夷；面对意外，冷静处理能转危为安。很多时候，处变不惊就是脱离险境、减小损失的最佳方式。智者善用把焦虑深藏于心的艺术，从而显露出镇定不慌的修养。

所谓“祸兮福所倚，福兮祸所伏”，人生总有旦夕祸福，遇到幸事不忘形，遇到祸事不丧气，才是坦然的处世之态。如此，当外界环境突变或碰到始料未及之事时，我们才能保持沉着冷静。有清醒的头脑，才不会影响自己的思考，从而做出准确的分析和判断。

秦朝末期，陈平出生于阳武（今河南原阳东南）。年少时，家里贫困，陈平只能与哥哥、嫂子住在一起。为了维持生计，陈平经常靠帮别人处理丧事赚些小钱。即便如此，陈平的意志却从未消沉。他刻苦读书，增长才能。他曾经主持乡社分肉，因为公道正派而得到乡亲们的交口称赞。陈平感叹说：“假使我有机会治理天下，也会像今天分肉一样公平。”

秦朝后期，天下大乱，陈胜率疲弊之卒在大泽乡揭竿而起，并且立魏咎为魏王。陈平看准时机，投奔了魏王。但是，魏王不信任陈平，根本不采纳他的计策。加之，有人嫉妒陈平的才能，在魏王面前说了陈平的坏话。魏王一怒之下，便把陈平赶走了。

离开魏王之后的陈平选择投奔项羽。他屡立战功，却因项羽忌惮其才而不得重用。于是，陈平决定离开项羽，转投刘邦。

春天刚过，万物复苏。一天中午，陈平身佩重剑，走出项羽军营。他顺着偏僻小路四下摸索，向黄河边走去。为了躲避项羽的追赶，陈平一上船就匆忙叫船夫开船。船上有5个粗莽的汉子，面露凶色。陈平觉得这几个人不祥，但是自己后有项羽追兵，不上船就等于自取灭亡，只得忍耐下来。

船慢慢离岸，陈平悬着的心稍微松了一些。但事情并没有预想的那么顺利，陈平察觉到这5个人正在偷偷商量着什么事情，脸上不时露出凶狠的神情。他偷偷地凑过去，只听其中一个人说："我看这个人非官即贵，走得如此匆忙，肯定是逃出来的。如果我们先下手为强，把他杀了，得来的金银财宝就享用不尽了。"另外一个人做了一个噤声的手势，让那人小声点儿，但是脸上也现出得意而贪婪的神情。听到几个人的谈话，陈平心里惴惴不安："这几个乡野粗汉想谋财害命，敌众我寡，身处险境，怎么办？"

船行至中途，陈平明显感觉到船速慢了下来，他心知这几个人要下手了。就在这万分危急之际，陈平没有慌乱，而是想出了一个先发制人的策略。只见陈平从船舱中走了出来，大声说："天气闷热，真是苦了大家了。"说着，陈平装作若无其事的样子，先除去佩剑，又一件一件地脱下衣服，边脱边抱怨天气酷热。

几个人见陈平脱光了也没发现钱财，不禁有些失望。他们本就不愿伤人，既无可图，只好奋力摇橹，尽快把人送至对岸。就这样，陈平顺利躲过这场危机，后来成了西汉开国的首要功臣之一。

陈平当时的处境不可谓不凶险，但是他在面临险境时反而更加冷静，果断采取了先发制人的策略，用实际行动告诉他们杀自己无益，最终避免了悲剧的发生。如果陈平当时头脑发热，去跟那几个强盗拼个你死我活，恐怕也就没有后来的大汉功臣了。

在面对险境的时候，切莫惊慌失措。慌乱只会让事情变得无章可循，而越是混乱的状况越会导致内心惶恐不安。冷静下来，镇定地站在危难面前，解决之法反而会寻找到你。

第九章

投之木桃，报之琼瑶

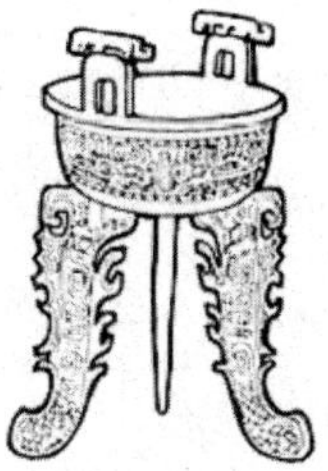

活用历史之『交』智慧

尊重和付出，是“交”的真谛。子张曰：“君子尊贤而容众，嘉善而矜不能。”即君子与人相交，既能尊重贤人，又能容纳普通人；既能赞美善人，又能同情能力不足的人。这是“交”的基础。《朱子家训》有云：“受人滴水之恩，当以涌泉相报。”即受他人之恩须知感激，更要懂得将此心施与他人，付出的同时也是在成就自己。这是“交”的延续。

第一节　诚恳待人，才能取信于人

诚恳就是不虚假。所以古人说，虚伪的迎合是友谊的毒剂，诚恳的批评是友爱的厚礼。在与人交往的过程中，你的诚恳换来的是别人对你的真诚和信任，而谎言和虚伪换来的必然是别人对你的鄙夷和欺骗。

有人说，一个人事业上的成功，15%是靠他的专业技术，另外的85%则要依靠他的沟通能力。这数据也许夸大了沟通能力对于成功的影响，但毋庸置疑的是，一个人事业的成功离不开有效的沟通。而决定沟通效果的首要因素就是诚恳。

我们都喜欢与诚恳的人交往。诚恳，意味着一个人对事公正、不偏颇，对人友善、不打击，如此公正友善的人必将获得他人的信任和尊重。

唐朝时期，魏知古原为一名小吏，幸得姚崇提拔。后来，魏知古官拜吏部尚书，负责管理东都洛阳的铨选（选才授官）事宜。姚崇的两个儿子也在洛阳做官，他们知道父亲对魏知古有恩，便去魏知古那里私托人情，为他人求官。魏知古回朝后把这些全部上奏给了皇帝李隆基，并认为姚崇必定牵连其中。

李隆基听后十分不悦，他召来姚崇，貌似随意地问道：“你的儿子们才能如何？现如今在哪里任职？”

姚崇回答说：“为臣共有三子，其中两个在洛阳做官，他们为人贪婪又经验不足，必定会对魏知古有所求。不过，为臣还未得知确切的消息。”

李隆基原本以为姚崇会偏向自己的儿子，隐瞒他们的言行。听到姚崇这么一说，他大笑起来，问道：“你是怎么知道这件事的？”

姚崇说：“魏知古微贱之时，是为臣引荐了他，才使他有了今天的荣耀和显达。臣的儿子很蠢，认为魏知古会看在我对他的恩德上对他们有所照顾，所以才会找他托人情。”

李隆基说：“这魏知古既不感念伯乐之恩，又诬陷于爱卿，朕打算严惩他。”

姚崇赶忙为魏知古求情说：“是为臣的儿子没有出息，干扰了陛下的法规，陛下能饶恕他们，为臣已感激不尽。但因为臣而驱逐魏知古，官员、百姓必会认为陛下对臣存有偏心，这不会对天下起到感化作用的。还望陛下三思。”

李隆基本来怒气正盛，但见“当事人”姚崇自己却如此真诚地为魏知古求情，最终同意对魏知古留职察看。

面对君主的诘问，姚崇毫不回避，而是以就事论事的态度把事情说清楚，从而消除了李隆基对他的怀疑；面对魏知古的“背恩忘义”，他又能不计前嫌、恳切求情，从而增加了李隆基对他的钦佩之情，如此一来自然使其化险为夷。诚恳的态度往往会向他人传递出一个信号，即你是一个值得信赖的人。所以，想要获得他人的信任，务必以诚心相交。

第二节　人生难得知己，要懂得珍惜

想要了解一个人，必然要看他的朋友。正所谓“物以类聚，人以群分”，从一个人的朋友身上足以看出他是一个什么样的人。可见，朋友对于一个人来说有多么重要，他不仅可以在关键时刻拉你一把，而且还像一面镜子，时刻照出你的个性。

交什么样的朋友，决定了你拥有什么样的人生。如果能交到一位真正的知己，那真是人生的一大幸事。真正的知己是可以做到心有灵犀一点通的，就算两个人默默地坐着不说话，也能知道对方的心思。这样的朋友，是千金难求的。

俞伯牙痴迷音律，琴技极佳，但是那些听他弹琴的人只知道他弹得好，却不了解究竟好在哪里。

有一年，晋王派俞伯牙出使楚国。八月十五那天，俞伯牙的船在汉阳江口遇到了大风浪，不得已将船停靠在一座山下。到了晚上，天色转晴，俞伯牙心情大好，取出瑶琴，专心致志地弹奏起来。正在俞伯牙物我两忘的时候，忽然看到一个人在岸边站着，正在专心地听自己弹琴，他心中一动，琴弦断了一根。

那人见自己离俞伯牙很远，便大声说：“先生，我是这里的樵夫。

今天路过此地，正好听见您弹琴，感觉您弹得非常好，就停下脚步听了起来，还请您不要介意。”

俞伯牙借着月光看去，的确是一个樵夫模样的人，还背着一担干柴，俞伯牙问他：“既然你觉得我弹得好，那你说说，我弹的是什么曲子？”

樵夫说：“先生，您刚才弹的是孔子称赞弟子颜回的曲子。可惜的是，到第四句的时候，琴弦断了。”

俞伯牙听樵夫说的毫厘不差，就请他上船来细谈。樵夫看见俞伯牙的琴，直接说道：“这是传说中伏羲氏制造的瑶琴。”接着，他又详细说明了瑶琴的来历，这令俞伯牙生出知音之感。接下来，俞伯牙又弹奏了几曲。当琴声雄壮高亢的时候，樵夫就说：“这琴声表达了高山的雄壮气势！”当琴声渐缓，透露出清新自然之意时，樵夫又说：“这是河水在无穷无尽地流淌。”

俞伯牙非常开心，他终于在茫茫人海中找到了知音。两个人相互通报了姓名，这个樵夫就是钟子期。两个人秉烛夜谈，大有相见恨晚之意。于是撮土为香，义结金兰之好，约定明年今日再在此处相会。

到了第二年中秋，俞伯牙如约赶来。但是过了好久，也不见钟子期的身影。于是俞伯牙就去四处打听，有一位老者告诉他，钟子期已经得病亡故了。他临终时交代，要把墓建在江边，为的就是等到今年的八月十五，能够听到自己最好朋友俞伯牙的琴声。

俞伯牙悲痛万分，他走到钟子期的墓前，弹奏了一曲《高山流水》。曲毕，俞伯牙挑断了琴弦，摔碎了瑶琴，发誓从此不再弹琴。因为钟子期一死，这个世界上就再也没有能听懂他琴音的人了，这琴还能弹给谁听呢？

所谓知己，便是情投意合、心有灵犀。在茫茫人海之中，要想找到一位真正的知己是非常难的，也许终其一生也寻不到。所以，俞伯牙能够在有生之年遇到钟子期，可谓此生无憾了。因为知己难求，所以一旦遇到，就要倍加珍惜。莫问未来的日子会如何，在能够有缘相聚的日子里好好珍惜彼此，不留下遗憾，就足够了。

第三节 投桃报李，友情在于相互扶持

真正的友谊不是花言巧语的吹捧，而是关键时候伸出来拉你一把的那只手。那些整日围在你身边陪你吃喝玩乐的朋友，不一定是真正的朋友。而那些看似远离，实际上却时刻关注着你的人，在你得意的时候不假意奉承，在你危难的时候默默为你做事的人——他们才是真正的朋友。

如果幸福的婚姻是一双舒适的鞋子，可以陪伴我们走过人生的千山万水，那么肝胆相照的友情就是一把坚实的椅子，让我们在路上得以惬意地歇息。真正的朋友，不是跟你一同吃喝玩乐的人，而是在你困难的时候及时出现，帮你排忧解难的人。

春秋时期，齐国宰相管仲辅佐齐桓公，使齐国成为东方的霸主。管仲有一个从小就在一起的好朋友，名叫鲍叔牙。由于两人亲密无间，后世将管仲和鲍叔牙合称为“管鲍”。

在两人年轻的时候，曾经合伙做生意。鲍叔牙生在一个富裕的家庭，而管仲则出身贫寒。于是在出本钱的时候，鲍叔牙出了一大半；而在分红利的时候，鲍叔牙却只拿了一小半。认识他们的人都觉得鲍叔牙糊涂，吃了大亏，而鲍叔牙却说：“管仲家境不好，他有老母亲要奉

养，多拿一些没什么。”这番话让那些在两人背后说三道四的人无话可说。

管仲和鲍叔牙也曾经一同上过战场。在打仗的时候，管仲时常躲在后面，表现得不是很勇敢，人们都对管仲不满。鲍叔牙知道这件事后，为管仲辩护道：“管仲之所以如此，是因为他的母亲年纪大了，他又是家里的独子。万一他有个三长两短，他的母亲可怎么办？”

后来，管仲也做过几次官，但最后都被免职，招来了大家的耻笑。鲍叔牙知道后，就对人们说：“管仲不是不能干，只是运气不好，没有碰到能够赏识他的明主。这些小事不适合他来做，他是一个做大事的人。”

再后来，管仲辅佐的公子纠夺位失败，鲍叔牙辅佐的公子小白接掌了齐国的政权，公子小白就是后来成为春秋五霸之一的齐桓公。齐桓公即位后，想请鲍叔牙做宰相。鲍叔牙却拒绝了，并成功举荐了管仲。果然，在管仲的辅佐下，齐桓公如虎添翼。

管仲曾对人说：“生我养我的是父母，可是了解我、帮助我的却是鲍叔牙！”“除了身体，一切都是鲍叔牙所赐。”的确，鲍叔牙一次、两次、三次，不遗余力地帮助管仲，可以说，没有鲍叔牙就没有管仲的成就。他们的友谊也印证了那句话——真正的友谊不是表面上的公平和互利，而是发自内心的互相扶持。

“投我以木桃，报之以琼瑶”，这是《诗经》中的名句。朋友之间只有互相帮助、互相依靠，才能共同进步。要知道，在这个世界上不对你有所企图还愿意真心实意帮助你的，除了家人之外也就只有朋友了。在家靠父母，出门靠朋友，如果连几个靠得住的朋友都没有的话，那么你的人生注定会过得坎坷无比。

第四节 感恩那些帮助过你的人

《史记》中有言：“苟富贵，无相忘。”人要饮水思源，要记得朋友的恩情，不能过河拆桥，得了好处就将朋友置诸脑后，或在朋友需要帮助的时候袖手旁观。不知感恩的人，会失去越来越多的真情，身边的人也会逐渐远离，从而变得独木难支。

有的人成功之后就过河拆桥，把他人的帮助置诸脑后；有的人成功后仍不忘记那些帮助过自己的人，并且会为他们提供跳板，让他们和自己共同走向成功。如果你觉得自己已经不再需要别人的帮助，做个过河拆桥的“白眼狼”也无所谓的话，那就大错特错了。好事不出门，坏事传千里，只要你背信弃义一次，恶名就足以让他人拒你于千里之外。

曾国藩是家喻户晓的清代名臣，他从吏部侍郎做到了两江总督，去世之后被追封为“曾文正公”。曾国藩之所以能取得这么大的成就，与他的老师兼朋友穆彰阿对他的帮助有很大关系。

道光末年，曾国藩考取了进士，并且拜军机大臣穆彰阿为老师。拜师之后，穆彰阿对曾国藩说：“我会将你举荐给皇上，你要好好表现，不要辜负我对你的期望。”曾国藩连忙拜谢。第二天上朝，穆彰阿就向道光皇帝举荐了曾国藩，道光皇帝问他：“曾国藩有什么特别的才能？”

穆彰阿一时之间竟不知如何作答，只好说：“他细心，有过目不忘之能。”

道光皇帝当时并未多加理会。待穆彰阿离开后，道光皇帝反复思量他的话，觉得如果曾国藩真有这样的才能，理应得到重用。于是，他传召曾国藩，让他来觐见。

穆彰阿和曾国藩得知消息后非常高兴。在觐见之前，穆彰阿反复叮嘱曾国藩一定要尽心准备。等到觐见那天，曾国藩早早来到宫里，但是引路的太监却让他在殿中稍候片刻，这一稍候却没个完了。曾国藩等了很久都不见太监来传召，着急地来回踱步。看到墙上挂着历代先皇的圣训，曾国藩长叹了一口气。

等了很久，太监才出来，告诉曾国藩今天皇上没时间，让他明天再来。回去之后，曾国藩把自己的经历告诉了穆彰阿。穆彰阿沉思了一会儿，问道：“历代皇上的圣训，你记住了多少？”曾国藩说：“我当时心烦意乱，没记住多少。”穆彰阿一惊：“这是皇上想测试你过目不忘的本领啊！这几天皇上肯定还会再召见你，到时候一定会问起这件事。”

就在二人为此着急之时，太监总管王公公来了。王公公此前有求于穆彰阿，穆彰阿便顺水推舟，请王公公帮忙誊抄了一份中和殿上的先皇圣训。当晚，王公公就将圣训送来了，穆彰阿让曾国藩抓紧背熟，并告诉他，成败就在此一举。

第二天一早，道光皇帝传旨召见曾国藩，刚一见面，就直接问曾国藩说：“昨天让你在中和殿等候，你一定看到了大清历代先皇的圣训，可曾记住圣训的内容？”曾国藩当即把圣训的内容全部背了下来，道光皇帝非常满意。几天后，就提升曾国藩为礼部侍郎。

自此之后，曾国藩的仕途非常坦荡，成了朝廷中的重要人物，地位甚至在穆彰阿之上。但青云直上的曾国藩并没有忘记老师对他的栽培，一直对穆彰阿执弟子礼。在京任职时，常上府上讨教；出外做官后，每次进京也是必先到穆彰阿那里问安。数年来，不管寒冬酷夏，曾国藩从没有间断过对穆彰阿恩德的报答。在穆彰阿离世后，曾国藩还照常到穆府探望其家人。两人深厚的师生情谊实属难得。

没有穆彰阿的着力栽培，就没有后来的一代名臣曾国藩。曾国藩和穆彰阿亦师亦友，相得益彰。更难能可贵的是，发达显赫后的曾国藩还能做到吃水不忘挖井人，如此人格魅力也被后世广为传颂。

萍水相逢，要乐于助人；受恩于人，更要涌泉相报。“帮”与“被帮”就像作用力与反作用力，只有互动起来，才能让情谊这一汪清泉永远清澈、永不枯竭。

第五节　多施善行，永葆仁爱之心

一个人可以一无所有，但唯独不能缺少仁爱之心。每个人都希望得到别人的关爱，但只有先让自己拥有仁爱之心，无私地帮助他人，才能得以回报。也只有这样，才能让仁爱在更大的范围传播开来。一个充满爱心的人往往比别人得到的幸福更多。对别人施以善行，不仅可以让他人变得快乐，也能让自己感受到幸福，还能让人格不断高尚起来。

“爱人者，人恒爱之。”在现实生活中，我们应该拥有一颗仁爱之心，因为我们都是社会大家庭中的成员，需用一颗仁爱之心来维护这个社会的和谐。仁爱之心不仅会给他人带来温暖，也能抚慰自己的心灵。如果一个人失去了爱，他的人生也会变得黯淡。这不仅仅会使一个人陷入悲惨的命运，更会给身边的人带来压力和灾祸。

春秋时期，孔子担任卫国的宰相，其弟子子皋任典狱长。子皋宽以待人、爱民如子，同时又执法如山，从不徇私舞弊。一次，一个人犯了法，子皋根据刑法砍了他的左脚，安排他去守门。在执法行刑的时候，子皋非常痛苦，脸上流露出怜悯、悲伤的神色。

不久后，卫君听信小人谗言，误以为孔子谋逆，下令逮捕孔子。幸亏孔子事前得到了消息，他和弟子们陆续从卫国撤离。然而，子皋较晚获知消息，想要逃走已经来不及。就在这个危急时刻，那个被子皋砍掉左脚的人出现在子皋面前。出乎意料的是，这个人不但没有落井下石，反而将子皋藏在了地下室。官兵们四处搜索，都没有找到子皋，便向守门人打听。守门人朝东边指了指，告诉他们子皋朝那个方向逃走了。官兵信以为真，忙向东边追去。

到了半夜，守门人给子皋送饭。子皋感动的同时也很疑惑：“我之前砍掉了你的脚，现在正是你报仇的大好时机，为什么还要冒这么大的险来救我呢？”

守门人回答道：“您砍了我的脚，但您是按照国家的法律在公正地执行。我知道，您在给我定罪的时候，权衡了法律条文，希望能为我减轻处罚。当行刑的时候，我从您的表情中可以看出，您的内心很痛苦。我救您，不是因为别的，正是因为您有一颗仁爱之心，是一个为百姓着想的好官，这就是我救您的理由。”

子皋怀有一颗仁爱之心，即使面对罪犯，也毫无差别地等同对待。正因为如此，在他身处危险之时，守门人挺身而出，也用自己的仁爱之心救了他一命。可见，一个人看似微不足道的仁爱之举既能救人于困境，也可以为自己带来爱的回报；仁爱的力量是不可估量的，它能减轻他人带给自己的伤害，泯去由伤害滋生的仇恨。

仁爱之心是可以学习的，就像我们需要一个好的榜样，然后照着榜样去做，从而改变自己和影响更多的人。人是有感情的动物，只要有一个人在助人为乐，就会有更多的人受到影响，进而使整个社会都处在充满大爱的氛围中。

第十章 专心致志，锲而不舍

活用历史之『恒』智慧

隐者的智慧是安然世外，智者的智慧是洞察世事，愚者的智慧是恪守简单。不同的人有不同的追求，无论是怎样的追求，都需要有恒心，才能得以实现。世人宁愿费尽力气寻求成功的捷径，也不愿意花费精力去坚持，如此避重就轻的做法实属不智。

第一节　持之以恒，方得始终

我们常常说，坚持就是胜利，因为很多时候我们缺少的不是能力，而是知识和经验的积累，坚持就是在延长积累的过程，它会让你变得更加丰厚。如此，无论何时、何地、遭遇何种考验，你都有足够的能力，游刃有余地应对。

每一个成功的人都知道，取得成功并不是一个容易的过程，它不是偶然的。当你翻开成功者的奋斗史就会发现，每一个成功人的背后都有一种名叫“坚持”的精神。人生只有一种失败，那就是半途而废。我们想要取得成功，就要有恒心，就需要不断付出艰辛的努力。只有坚持到底，才有机会采摘到胜利的果实。

“茶圣”陆羽生于乱世，是个弃儿，竟陵城龙盖寺住持积公把他从湖边救了回来，送给一户李姓人家抚养。孩提时代，陆羽在龙盖寺里读书识字，后来干脆在积公住持身边当了一个小沙弥。陆羽不喜欢诗文，却非常喜欢读书。他曾经因读书入迷了而跟师父吵了起来，师父就罚他做最劳累的事情。

13岁的时候，陆羽受不了责罚，从龙盖寺跑了出来。为了谋生，陆羽进了杂技班。在这里，陆羽遇见了他的良师李齐物。李齐物发现陆羽非常喜欢学习，而且非常聪明，就亲自传授他知识，并且推荐他到当地非常有名的邹夫子门下学习。

陆羽喜欢茶道，嗜茶如命，他想把这门学问推广开来，写成一本《茶经》。后来，李齐物升迁，崔国辅接任。崔国辅也是一位非常喜欢品茗的人，和陆羽一见如故，他们渐渐成了莫逆之交。崔国辅听说陆羽要写《茶经》，非常支持他，并把自己珍爱的白驴等物送给了他。于是，21岁的陆羽开始了在各地游历的生涯。

寒来暑往，年复一年，陆羽走遍了各种种茶的地方，了解了各种茶的种植、焙炒、冲泡等工艺。经过26年的努力，综合32个州县的信息，在47岁时，陆羽终于完成了《茶经》这部巨著。《茶经》刊印后，茶道大行天下，饮茶之风日盛，并由此沿袭下来、流传至今。

用26年的坚持换得一部《茶经》，试问，现如今又有几个人能做得到呢？

为了实现目标，有些人往往心浮气躁，这是因为他们太过急功近利，只想见到结果。水滴只有不求朝夕之效，故能坚持到穿石。一个人只有摒弃急功近利，做到持之以恒，方得始终。有时我们不知道要走多少步才能达到目标，也许走了一千步，仍然有可能遭到失败。但是再前进一步，事实上，前进一步并不太难，做到坚持不懈，最终一定会成功。

第二节　心无旁骛，无风不起涟漪

所谓专心，就是让自己不被细枝末节打断，不产生任何放弃的想法。不论是做学问还是做其他事情，只要我们认真执着，全身心地投入，就一定会有收获。反之，只在乎表面功夫、敷衍了事，最终害的只会是自己。成事贵在专注，最忌讳心浮气躁、心血来潮，只有专注地坚持，才能有所成。

荀子在《劝学》中说得好：“蚓无爪牙之利，筋骨之强，上食埃土，下饮黄泉，用心一也。”即便底子薄弱、力量微小，只要专一，最终也能达到目标。只可惜在现实生活中，大多数人做事情往往不专心，总是三心二意，以至于最后一事无成。

战国时期，赵襄王非常喜欢驾车，便向大师王子期学习驾车的技巧，王子期倾囊相授。没过多久，赵襄王就把王子期叫了过来，要和他比赛，以证明自己非常聪明，已经青出于蓝而胜于蓝。但事与愿违，三场比下来，赵襄王全部落败。

对此，赵襄王非常生气，他对王子期说：“看来你教我的时候并没有倾尽全力，还有所保留啊！”王子期说：“驾车最重要的就是马套上辕和车辆配合稳妥；人赶着马，注意力要在马的奔跑上，和马保持协调，从而提升速度。但是你学而不精，刚学没几天就想要胜过我，把精力都放在输赢上，根本没有专注于驾车的技术。如此，又怎么可能获胜呢？”

赵襄王听了王子期的话，感到惭愧不已，从此开始专心致志地学习驾车，不再执着于输赢。终于有一天，王子期对他拱手说道：“您现在的水平已经远远超过我了。”

如果不专心于学习本身，而是一味地考虑学习以外的因素，最终肯定会被这种功利之心害死。赵襄王自以为学精了，便自大起来，其实他只学了皮毛，又怎么能不失败呢？做任何事情皆是如此，只有抛弃杂念，专心致志地、持久地学习，才能充分发挥自己的才能，达到良好的效果。

第三节　立大事者必有坚忍不拔之志

荀子曰：“骐骥一跃，不能十步；驽马十驾，功在不舍。”即使一匹腿力并不强健的劣马，若它能坚持不懈地前行，照样也能走得很远。人生路上总会遇到荆棘，这就需要我们拿起手中的利剑，披荆斩棘，挺起不屈的脊梁，不向命运屈服。

失败并不可怕，失败后不能爬起来重新振作，才是最可怕的。请坚信，失败只是一个新的起点。只要生命不息，奋斗不止，这才是我们在失败之后应该做的。

在人的一生中，重要的不是成功了多少次，而是失败后爬起来多少次。“失败乃成功之母”，这句话妇孺皆知，想要成就一番事业，就必须坚信它。当我们身处困境时，如果多试一次，幸许就能获得质的突破。

公元前494年，吴国打败越国，越王勾践被困于会稽山上。摆在他面前的只有两个选择：一个是投降，成为吴国的俘虏；另一个是自刎，以保留清白之名。

正所谓，“留得青山在，不怕没柴烧”，只要能够留得性命，就还有报仇的机会。所以，当时的大夫文种建议勾践选择投降，并且让勾践买通吴国大臣伯嚭，由他向吴王夫差求情。经过伯嚭的一番劝说，吴王夫差最终决定不灭越国，只是把勾践带到吴国当奴隶。

勾践在吴国的奴隶生活一过就是三年。夫差出去游玩的时候，勾践就像侍从一样帮他牵马。为了取信于夫差，在夫差生病的时候，勾践亲尝粪便的味道，以判断病症所在。终于，夫差认为勾践已经彻底臣服，再也没有反抗之心，于是把他放回了越国。

回到越国后的勾践搭了一间草房，把蛇的苦胆悬在床头，每天都要品尝苦胆，以记住自己在吴国经受的苦难。为了蓄积国力，勾践亲身参与务农，和百姓同甘共苦。经过越国上下七年的努力，国力已经恢复到了战前的水平。

此时，勾践认为报仇的时机已经成熟。但出人意料的是，文种坚决反对，他认为现在起兵还为时尚早，文种说："现在越国的兵力还没有到可以和吴国相抗衡的地步。我们现在要做的就是等待机会，等到吴国和其他诸侯国发生战争，我们再坐收渔人之利，这才是上策。"

过了两年，吴王夫差想要发兵攻打齐国，却被伍子胥阻止。伍子胥说："我听说现在勾践和百姓同甘共苦。勾践不死，吴国就不会安宁！"吴王夫差听完此话却不以为意，依旧我行我素，发兵攻齐，并且大败了齐军。伍子胥再次劝谏，夫差更听不进去了。

为了试探吴国的态度，勾践派文种到吴国借粮。伍子胥劝说夫差不要借粮，却遭到了拒绝。后来，夫差听信已被越国收买的伯嚭之谗言，竟然赐死了伍子胥。在临死的时候，伍子胥对自己的侍从说："等我死了之后，把我的眼睛挖出来挂在城门上，我要亲眼看到越国军队攻进城来。"

公元前 482 年，夫差领精兵北上黄池会盟。越国时机来了，勾践率领军队突袭了吴国。打败了吴军，杀死了吴太子。公元前 478 年，越国再次攻打吴国，并大败吴国。两场大战失败，吴国从此一蹶不振。公元前473年，越兵攻入吴都，一举灭了吴国。

勾践之所以能够灭掉吴国，是因为他身处逆境能够坚忍不拔。卧薪尝胆，十年养气，十年教训，最后一雪前耻。这就是坚忍带给勾践的回报。

宋代词人苏轼说：“古之立大事者，不唯有超世之才，亦必有坚忍不拔之志。”河蚌忍受了沙粒的磨砺，终于孕育出绝美的珍珠；铁剑忍受了烈火的冶炼，终于被炼为锋利的宝剑。一切豪言壮语都会云消雾散，唯有坚忍才是踏向成功最坚实的阶梯。

第四节　对深思熟虑的决定坚持到底

坚持的同时，必定将招来这样或者那样的麻烦，这时就需要你有独特的见解，拿出敢于面对困难的勇气。只有这样，才能让自己从激烈的竞争中脱颖而出，取得最后的成功。

经过一番深思熟虑且慎重做出的决定，却遭到了身边人的极力反对，这时，我们的心里会有多大程度的动摇？是否会怀疑自己这样做的正确性？是否还有坚定走下去的勇气？

其实，漫漫人生路，我们每个人都会遇到这样或那样的阻力，这时最关键的是能够坚持自己的主见，不因为外界的因素而轻易改变自己的初衷。相信自己经过反复考虑所做的决定，并持之以恒地贯彻下去，就能一步步实现人生的梦想。

赵武灵王一直想让自己的国家变得强大，他对谋士楼缓说："现在，我们赵国东面有齐国、中山国，西边有秦国、韩国和楼烦部族，北边有燕国、林胡。如果我们不发愤图强，不加强训练军队，等到邻国强大了，他们肯定会偷袭我们。想要国家强盛，就要从根本做起。我觉得咱们穿的服装，长袍大褂宽袖口，干活儿、打仗都非常不方便，不如胡人的短衣窄袖。如果我们把衣服改成胡人的样式，干起活儿来就会更加顺手；

如果作战时用骑兵、弓箭，打仗时就具有机动性。你觉得如何？”

楼缓非常赞成赵武灵王的观点，他认为，换成胡人的服饰、学习胡人的骑射之技，不但有利于作战，更有利于学习他们作战的本领。

赵武灵王也深有同感地说：“咱们打仗全靠步兵，非常单一，而且进攻速度缓慢，就算打败了胡人，乘胜追击的时候，也很难追上他们的骑兵，只因为我们不会骑马打仗。所以说，要想学习胡人的作战本领，首先就要学习他们骑马射箭的本领。”

赵武灵王的改革理论不胫而走，没想到却遭到了很多大臣的反对。他们认为服饰是祖先遗传下来的，不能轻易废止。但赵武灵王却认为，服饰和装备的改革关系到国家的安危，必须将改革贯彻到底。于是，第二天上朝的时候，赵武灵王穿着胡人的服装出现在了文武百官的面前。

大臣们见到赵武灵王短衣窄袖的打扮都非常惊讶，反对声迭起。带头反对的，是一个名叫赵成的顽固派老臣，他是赵武灵王的叔父，也是赵国重臣。他不但直接提出反对，还装病不再上朝。

赵武灵王深知，要推行军事改革，首先要通过的就是叔父赵成这关。于是，赵武灵王亲自上门找到叔父赵成，向他反复讲解“胡服骑射”的好处。功夫不负有心人，赵成终于被说服。赵武灵王趁热打铁，立即赐给他一套新式胡服。次日朝会上，文官武将看见赵成都穿起了胡服，一个个都只好应承下来。接着，赵武灵王训练兵士学习骑马射箭。不到一年，就训练出了一支强大的骑兵队。

第二年春天，赵武灵王便开始向邻国发起了进攻，连战连捷，开拓了大片领土。在此过程中，赵武灵王的胡服骑射改革也取得了比以前更大的成功。

公元前302年，赵武灵王进行军事改革，学习西北游牧和半游牧民族的服饰及骑马射箭之技能，史称“胡服骑射”。赵武灵王也因此赢得了一代政治人杰的历史美誉。但实际上，我们可以从上文中看到，在几千年前极其重视旧制的时代，这样大胆的革新遭到了怎样大的阻力。赵武灵王清楚地知道，不破不立，不改变，国家就不可能强盛。为了达到这一目的，他没有退缩，而是想办法克服阻力，对自己的决定坚持到底，从而获得了革新的胜利。

所以说，只要是经过全面衡量后做出的决定，我们就应该坚定地走下去，不能如墙头草一般随风倒。没有坚持到底的意志，任何决定都不可能成功。

第十一章

胸有丘壑，腹有乾坤

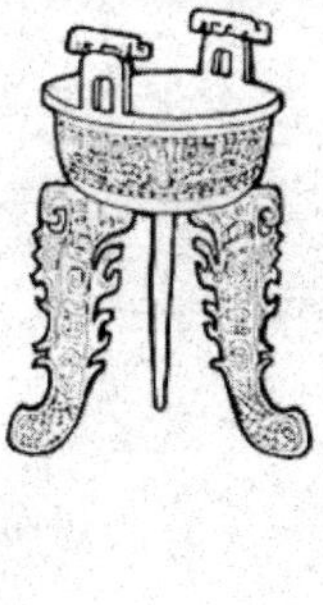

从《孙子兵法》到《鬼谷子》，从《三十六计》到《三国演义》，这些关于策略的论述不仅是我们克敌制胜的法宝，也是我们生活中引以为鉴的方略。成功没有偶然，多谋者安然，少思者忧虑。深思熟虑后做出恰当的决策，不但可以帮助我们获得成功，还可以提高自身的人格魅力，从而推动我们成就更大的事业。

第一节　决策需要敏锐的洞察力

《孙子兵法》中说：“夫未战而庙算胜者，得算多也；未战而庙算不胜者，得算少也。多算胜少算，而况于无算乎！吾以此观之，胜负见矣。”由此得知，庙算，即出征之前的战略筹划，是成功的基础。而庙算成功的基础则是一个人的洞察力。在做事情之前，如果你能够敏锐地发现其中的关键所在，那么就能制订出高明的决策，把事情办得完美。

在工作或生活中，倘若我们不事先观察，只顾闷头去干，便极有可能在做无用功。观察的目的在于发现问题的关键所在，进而有针对性地实施行动，实现事半功倍的效果。尤其是在面对纷繁复杂的任务时，强大的洞察力可有效避免我们陷入无所适从的困窘中。很多时候，决策的线索就隐藏在细枝末节中。发现它，便可拨开云雾见天日。

秦朝时期，秦孝公雄心勃勃，欲使国家富强，重塑祖先当年的辉煌。其时，商鞅经秦孝公宠臣景监的介绍，得见秦孝公。初次见面，商鞅就大谈尧舜禹汤之德，说做皇帝就要与民共苦乐，这样才能感动臣民，使统治长久。秦孝公听了一会儿就昏昏欲睡。这种纸上谈兵的谏言，让秦孝公非常不满意。

过了五天，商鞅又来拜见秦孝公。这一次，商鞅完全修正了以前的想法，不料又失败了。秦孝公还是不满意。他找来景监，说："你找来的这个商鞅，一而再、再而三地求见，让寡人很不满意。如果再这样下去，你就让他从哪儿来回哪儿去吧！"

几天后，商鞅又来拜见秦孝公。有了前两次的交谈，商鞅渐渐揣摩到了秦孝公的心思。这一次，商鞅和秦孝公谈了春秋五霸用武力强国的过程。即便如此，秦孝公还是因为前两次的印象而表示不想重用他，只是对景监淡淡地说："你这个客人不错，能和寡人谈得来。"商鞅认为，如果他能再见一次秦孝公，就一定能说服他采纳自己的建议。

就这样，商鞅再次拜见了秦孝公。这次的交谈让秦孝公听得入了迷，而且一谈就是几天。景监觉得非常奇怪：怎么没过几天，秦孝公对商鞅的态度就有了这么大的改变？

商鞅对景监解释说："我向大王讲述尧舜禹汤的为帝之道，大王呈欲睡之状。于是，我改讲富国强兵之道，并观察到大王的表情、动作开始发生了变化，我知道这才是他想听的。后两次，我看到他忍不住想要把座位向前移，我就知道，他对我说的完全感兴趣。直到最后听完，他非常高兴，我的建议就被采纳了。"

在与秦孝公多次的对话中，商鞅注意到秦孝公的表情、行为就是他态度的体现：从"昏昏欲睡"到不再反感，又到"座位前移"，他通过这些变化不断调整献策的内容。商鞅善说，更善于观察细节，从而能在很短的时间内抓住秦孝公的心理，达到最终的目的。

洞察力是策略吗？不是，但洞察力是决策的前提。你先得有敏锐的洞察力，才能察人所不能察，想人之所不能想，最终抓住决策的关键。

第二节　好谋而无决断，人生之大忌

成事，天时、地利、人和固然重要，但还有一点要切记，那就是不要犹豫。优柔寡断只会让一个人沦为问题的奴隶；只有当机立断，才能快刀斩乱麻，使难题迎刃而解。需要注意的是，果断不等于鲁莽，果断是建立在冷静的基础上的，没有冷静，果断毫无意义。总而言之，我们既需要有解决问题的能力，也需要有解决问题的魄力。

为人处世，不仅要善于谋划，更要善于决断。好谋而无决断，是人生的大忌。因为时机不等人，一旦看好就要立刻行动，这样才能抓住机遇。果断，让生命的价值体现得更加彻底。面对困难的时候，当断则断，凛然的气势必然能战胜困境。

公元73年，东汉假司马（官职名）班超和从事（官职名）郭恂奉命出使西域，想通过游说让西域各国归顺于汉朝。

班超一行人先来到鄯善国（今新疆若羌一带），鄯善国国王诚惶诚恐，礼仪、接待无不尽心。可等到班超准备动身离开时，他忽然觉得鄯善王对待他们不如之前热情，供给的酒食也不如起初丰盛。班超当即起了疑心："这里面一定有鬼！"

恰逢此时，鄯善王的手下送来酒食。班超计上心来，装作不经意地问道：“匈奴的使者来几天了？现在住在什么地方？”被班超这么一问，毫无准备的侍从吓得战战兢兢，不禁竹筒倒豆子似的说：“不瞒大人，匈奴人已经来了三天，他们住在离这30里地的营房。”

原来，此时的鄯善王正在犹豫到底是归附汉朝还是匈奴，汉朝使者来了，他尽心接待；匈奴使者到了，他害怕得罪匈奴，便故意冷落了班超一行人。

班超怕走漏风声，就把这个侍从偷偷关押了起来。接着，他召集随行人员喝酒。正喝得酣畅淋漓时，班超双手捧起酒碗，突然挺直了身子，大声说：“我们已经身处绝境，生死难料。我们来到西域的目的是为了建功立业，没想到，匈奴使者才来到这里三天，鄯善王就开始冷落我们。如果他们欺负我们势单力薄，把我们捆绑起来送给匈奴，那时在座的每一位都会身首异处，客死异乡。你们说说，我们现在该怎么办呢？”

随从们听后都非常吃惊，只得道：“生死与共，我们是死是活，全听班大人您的！”班超喝了一大口酒，声音更加高昂：“不入虎穴，焉得虎子！现在只有一个办法，就是趁着黑夜去匈奴营房周围，一面放火，一面进攻。他们不知咱们虚实，一定非常心慌。只要杀了匈奴使者，鄯善王就不得不放弃匈奴，归顺于咱们大汉朝。”随从们小声嘀咕：“这件事非同小可，咱们还是先跟从事郭恂商量一下吧。”

班超怒目圆睁，大声喝道：“大丈夫立大功称英雄，在此一举。郭恂只是个胆小如鼠的文官，如果让他知道，肯定会把这事泄露出去，误了大事。不必和他说，是男子的，干！”话音刚落，班超端起酒碗，仰起脖子，一饮而尽。众随从也纷纷端起酒碗，喝了下去。

夜半时分，班超带着36个随从向匈奴营帐那边偷袭过去。是夜，正赶上大风刮起。班超安排 10 人拿着鼓藏在帐篷后面，吩咐他们说，当看到大火烧起，就拼命敲鼓，并且大声喊叫，制造声势；安排另外 20 人手持弓弩，到帐门两边埋伏。

一切准备就绪，班超带领剩下的 6 人顺着风向放火，通红的火焰冲天而起。躲在帐篷后的人同时擂鼓、呐喊，匈奴兵从梦里惊醒，班超带头冲进了帐篷，手起刀落，转眼间，3 个匈奴兵就被杀死了。其余随从跟着冲进帐篷，杀死了匈奴使者和 30 多个随从。最后，他们点燃了所有的帐篷，火借风势，马上就形成燎原之势，100 多名匈奴兵被大火烧死，仅剩几个侥幸者逃遁而去。

天渐渐亮了，班超派人请来了鄯善王。鄯善王跨进帐篷，一眼看到汉朝人手中拎着匈奴使者的人头，不由大惊失色。班超说："从今以后，我们汉朝和你们联合起来抗击匈奴，匈奴人就再也不敢来侵犯你们了。"鄯善王面如土色，表示愿意归附。为了示好，鄯善王还叫他儿子跟随班超赴洛阳拜见汉朝皇帝，彻底归顺了汉朝。

《论语·子路》有曰："言必信，行必果。"意思是说，说话一定要算数，做事一定要果断。班超成功收服鄯善王，其中起决定作用的就是他那说做就做的果敢。

果断是指一个人善于明辨是非，迅速地估计情况，适时地做出决定并执行。现如今，机遇随处可见，但同时，机遇也转瞬即逝。面对机遇，只有果断决策，勇敢快速地行动，才有可能取得成功；如果一味地思前想后、犹豫不决，反而会错失良机，失去更多。让自己养成果断的习惯，抢先一步抓住机会，成功才不再遥远。

第三节　知己知彼，权衡而后动

如果你不是猎人，却偏要去追捕猛兽，结果只有两个：一是白费力气；二是被猛兽所伤。就像现在的很多人，不知道行业的深浅，只是看到别人做得非常好，就盲目跟风，最后只能是为别人铺路而已。认清自己，从自己的实际优势与劣势出发，才能做出正确的选择。

既不了解自己，也不了解他人，盲目较量的结果只能是一败涂地。一个人想要取得一番成就，必须懂得衡量，不仅要衡量事态的发展，还要在了解自己和他人的基础上权衡双方的差距。看得到差距，方能自觉反省，不断完善；识得清优劣，方能以己之优势对他人之劣势，取得获胜的先机。

公元前445年，魏国迅速发展，很快成为战国初期最为强盛的国家之一。后来的魏惠王看到国家越来越强大，就不断发动战事向外扩张。公元前354年，魏国大将庞涓率兵攻打赵国，很快把赵国都城邯郸围了个水泄不通。情急之下，赵国国君求救于齐国。

齐威王马上召集谋臣商议。大将段干朋主张出兵救赵，他认为，齐不救赵就会失信于赵，等到齐国再有危难时，就没有人愿意相救了。同时，段干朋建议说，即刻出兵邯郸，赵国不会受到多少损失，魏军也不会消耗多少兵力，莫不如先派少量兵力攻打襄陵，以此牵制魏国，等到魏国和赵国两败俱伤的时候，再正面出击。这样既可以向赵国表示援助的姿态，又能削弱魏、赵两国的实力。

齐威王听后非常满意，采纳了这一建议。他派一些军士联合宋国、卫国之兵向襄陵发动进攻，主力部队则按兵不动，静观其变。

这样的局面僵持了一年多。赵国、魏国都被这场战争拖得疲惫不堪。等到时机成熟，齐威王就命田忌为主将、孙膑为军师，统率齐军主力去救援赵国。

田忌打算亲率大军直接进发邯郸，却遭到了孙膑的反对。孙膑不赞成这种硬碰硬的战术，他分析说："现在魏国的精锐部队都在赵国，而国内却只有一些老弱残兵。所以，我们应该攻打魏国的都城大梁，切断魏军的后勤补给。这样一来，魏军必然被迫回师自救。到那时，我们不仅解了赵国之围，也能大力打击魏国。"

孙膑这一番话让田忌茅塞顿开，于是，他二人率领齐军主力向魏国国都大梁挺进。魏军得知都城告急，不得不马上派大队人马回国救援，而孙膑的兵马早已在大梁等候多时。长期作战加上长途奔袭，魏军都已疲惫不堪，而齐军却气贯长虹。中了埋伏的魏军很快陷入被动。此战中，魏军损失惨重，原已占领的邯郸等地也都被赵国趁机一一收复了。

孙膑的取胜之道，在于他全面分析了敌我双方的优势和劣势，然后迂回作战，避其锋芒、攻其劣势，最后大获全胜。

知己知彼，才能百战百胜。切忌在分不清敌我强弱时，不可一味地逞强，盲目地追求结果。因为认不清形势就鲁莽行事，即使拥有再多的才华、资源，也只能被无谓浪费，必然会导致失败。在生活和工作中，我们需要在综合衡量之后再做出决定，衡量的内容包括：当时环境下做事的目的、自己和他人的能力差距以及他人意见的可行性。哪些话可以说、哪些事应该做，不能一意孤行，而要谋定而后动，方能成事。

第四节 不按套路出牌，转劣势为优势

你的优秀倘若与他人雷同，是极其容易被埋没的。在同质化越来越严重的今天，让自己区别于他人，才能从人群中脱颖而出；让自己的品牌区别于其他品牌，才能从无数的商品中被一眼选中。不按套路出牌，实际上就是给人或事物赋予独一无二的特性，唯有独特才是转劣势为优势的关键。

不按套路出牌就不容易被外界看透，可以迷惑对手，不被外界掣肘。因此，行事变幻莫测的人总能出其不意，既能把握攻其不备的时机优势，又有新鲜独到的行事特色，故而能转劣势为优势，取得成功。

秦朝灭亡之后，项羽为了削弱刘邦的势力，把巴、蜀和汉中三个郡县划分给了刘邦，封其为汉王。刘邦既无法在关中称帝，又无法回到家乡，只得把汉中的南郑设立为都城。而自封为西楚霸王的项羽，封地九郡，占据了非常有利的地理位置，并且设立彭城（今江苏徐州）为都城。为了进一步打压刘邦，项羽又把首府和刘邦之间的封地划分成三块（其中之一为陈仓），分给被自己打败的秦朝将领，以此阻碍刘邦向东扩张。

所有的将领都对项羽的安排非常不满，但是刘邦深知自己实力不济，只得暂且隐忍。从关中去汉中、巴蜀要经过一条条栈道，刘邦离开

首府的时候，听从张良之计，将沿途几百里的栈道全部烧毁。项羽见此，以为刘邦心灰意冷，再无称霸天下的野心，便放松了警惕。谁知，刘邦刚到南郑就严明军纪、苦练兵士。

一段时间之后，刘邦又派几百名兵士去修复烧毁的栈道。项羽听到了这个消息，就嘲笑他们：“你们真是自作自受啊！自断后路之后还来亡羊补牢，这项工程到猴年马月也完成不了啊！”嘲笑过后，对刘邦的做法并没有多加理会。

没过多久，雍王章邯接到急报，说刘邦从陈仓进发，当地的将领已经被杀。刚开始，章邯还不相信，等到真相摆在他面前的时候却为时已晚。刘邦乘胜追击，一步步占领项羽的领地。后来，驻守在关中的将领纷纷缴械投降，刘邦以迅雷不及掩耳之势迅速占领了关中。

刘邦不按套路出牌，最终占领汉中；项羽吃了“暗变”的亏，最终人事两空。捕杀按直线飞行的鸟儿容易，捕杀变换飞行路线的鸟儿却很难；棋艺高绝者绝不走正中敌手下怀的棋路，更不会让敌手牵着自己的鼻子下棋。只有走别人想不到的路，才能永远立于不败之地。

第五节　善听不同声音，取其精而用

靠大家的眼睛，能看到更多；靠大家的耳朵和头脑，能听到更多、想到更多。只有善于察纳雅言、群策群力，才能让问题在短时间内得到有效解决。要善听不同的声音，耳边的纷纭之声、媒体的纵横之谈、街头的牢骚之言，往往也都包含着“曲突徙薪”之策，只要留心细听，认真分析，取其精而用，择其善而从之，就会产生效益。

我们说，善于倾听的人能将他人智慧转化为自身财富，从而走向成功。这是因为，他们乐于听取别人的意见，善于从中筛选出适用于自己的，加以消化、采纳。有的人坚决不听别人的意见，我行我素，最后只能被自己的自负所打败。世界上没有十全十美的人，只有善于听取不同的声音，才能查漏补缺，让自己离成功越来越近。

战国时期，诸侯争霸，齐国征讨了很多诸侯国，终于在中原成为霸主。但是，当时的楚国也颇有大国之相，根本不把齐国放在眼里，成为齐国隐患。为此，齐桓公召集大臣商量征伐楚国的策略。齐桓公话一落，几员大将就纷纷请缨出战，同时又建议联合其他诸侯国集结重兵，一起攻打楚国。这样一来，楚国看到齐国的气势，肯定会被震慑住，不战而退。

在众人一片慷慨激昂的示威请战声中，有一个声音显得尤为刺耳——相国管仲说：“楚国认为自己国家富有、兵强马壮，才敢为所欲为。如果我们现在出兵攻打楚国，只会两败俱伤，损失惨重。”齐桓公和所有大臣都不说话了。过了一会儿，齐桓公问管仲有什么建议，管仲却笑而不语。其他大臣见状都以为管仲不过是故弄玄虚，他其实也没有什么好的办法。于是，众人还是建议即刻出兵，防止楚国更加为所欲为。

然而，齐桓公却不发一言。他冷静地听着各方的发言，心中也逐渐有了自己的想法：他相信管仲有更好的做法。果然，没过多久，管仲就有所行动了。

管仲先派齐国的商人去楚国买鹿，并四下传播消息说，齐桓公喜欢鹿，愿意拿千金来买。当时楚国有很多鹿，楚国人多是把鹿宰了食用，根本值不了多少钱。楚国商人听到传言，纷纷出手抢购鹿，一时间鹿的价格直线攀升。

楚成王听说这件事后就嘲笑齐桓公玩物丧志，他认为，等到齐国买鹿花掉所有的钱后，楚国就可以坐收渔人之利了。为此，楚成王下令：抬高鹿的价格。

楚国人看到一头鹿的价格已经和几千斤粮食一样，不禁两眼冒光，纷纷放下了手中的工作，不种田、不纺织，转而上山抓鹿，甚至连很多官员都参与了进来。这一年，楚国的鹿都卖到了齐国，楚国人一下子就富有起来。但是第二年，因农田无人耕种，闹了饥荒，楚国人想去别的国家买粮食，但是管仲软硬兼施、威逼利诱，规定其他诸侯国不得出售粮食给楚国。

直到这时，楚成王才知道“齐桓公好鹿”是管仲的计策，但是为时已晚。管仲见楚国已经没了还手的力气，就让齐桓公联合其他诸侯攻打楚国。一时间，大兵压境，势如破竹，楚国大败。

齐桓公之所以能够一举破了楚国大军，与他善于听取建议有很大关系。尤其是在一片请战声中，他还能力排众议，选择不同之音，更为智慧。

在生活和工作中，我们不能只是单方面地发号施令，而应当创造一些条件、开辟一些渠道，让大家群策群力。无论是决策者还是实施者，都不能只用自己一个人的眼睛、耳朵或头脑，而应该善用大家的智慧，博采众长。如此优中择优，方可在关键问题上做出最恰切的决定。

第十二章

勇于担当，舍我其谁

无担当，何以言勇？勇于担当，才是大丈夫所为。担当是一种坚守气节的态度，是一种大义凛然的气魄，是用自己不屈的意志来面对一切。担当需要勇气，但不是匹夫之勇，而是进行有效判断后智慧的勇敢。

第一节　气节是担当的底气

勇于担当从来都不是一件容易的事，没有气节做底，便很容易摇摆。气节也不能脱离担当而独立，对应尽之责的不闻不问，以不作为来换取无失误，这样的坚守毫无意义。唯有让气节与担当相辅相成，才能实现生命的价值。

总有一些东西是人们不能放弃的，气节就是其中之一。每个时代我们都能听到那些发自内心的、有骨气的呐喊，能感受到一些人不畏强权、大义凛然的气节。他们是那样的坦然，那样的无畏，他们每个人都是时代中最耀眼的明星。

光武帝刘秀靠武力得到天下，靠法令治理国家。虽说天子犯法与庶民同罪，但真要用法令去约束皇亲国戚时，这些法令就体现出它的不足之处了。光武帝的大姐湖阳公主就是一个不遵法令的典型。她仗着自己是刘秀的姐姐为所欲为，连她的奴才也目无法纪。

有一次，湖阳公主的奴才行凶杀人之后，就躲在府里不出去。如果换了别的官员来主管这件事，这个家奴在府里躲一阵子，事情也就不了了之了。但这次，他碰上的是一个名叫董宣的官员。董宣其人，视法令绝对高于特权。按照规定，董宣是不能去公主府上搜查的，于是他索性就为公主看起门来，守株待兔，等着那个奴才出来。

过了一阵，湖阳公主外出，这个奴才跟着公主出行。董宣闻声后，马上赶了过来，拦住了湖阳公主的马车。湖阳公主当即大怒："你好大的胆子，你也不看看我是谁，竟敢拦我的马车？"董宣毫不畏惧，把手中佩剑拔了出来，对公主说："您不应该纵容家奴行凶杀人，这触犯了国家的法令！"随即，董宣下令将那个奴才绑了起来，就地处决了。

湖阳公主气得当即去向光武帝哭诉。光武帝听完之后也非常生气，立刻传召董宣，准备当着公主的面用杖打死他，给公主出气。

没想到董宣却说："陛下，请您先等我把话说完，之后我情愿自杀。"

光武帝问："你想说什么？"

董宣说："陛下是一位明君，自然知道法令的重要性。如果法令只约束臣民，对皇亲国戚却没有约束力的话，国家会变成什么样子？现在，公主的家奴行凶杀人，如果不处决他，怎么能堵住天下的悠悠之口？防民之口，甚于防川啊！"说完，他就向宫内的柱子撞去，等到被内侍拦住的时候，董宣已经血流满面了。

光武帝觉得董宣说得对，但为了顾全公主的面子，就让董宣给公主磕个头、道个歉。但是董宣却不买账，死都不愿意磕头。内侍强按住董宣的脖子，也奈何不了他，只得说："他的脖子太硬，我们按不下去！"光武帝见此只是笑笑，就让内侍把董宣拉了出去。

最后，光武帝不仅没有治董宣的罪，反而赏了他30万钱作为奖励。"强项令"董宣也从此名垂青史。

不畏惧强权，始终坚持自己的原则，这是董宣坚守气节的表现。董宣不是不知道得罪公主的下场，但是他不愿意因此放弃自己的坚守。结

果，董宣的“硬脖子”反而让他得到了光武帝的器重。因为光武帝深知，坚守气节是一种可贵的品质，董宣是不可多得的忠臣。

从陶渊明“吾不能为五斗米折腰，拳拳事乡里小人邪”，到文天祥“人生自古谁无死，留取丹心照汗青”，再到谭嗣同“我自横刀向天笑，去留肝胆两昆仑”……很多英雄豪杰正是凭借“气节”在历史上留下美谈。他们知道，屈己下人固然容易，却丧失了人生的意义；坚守气节固然艰难，却正是我们生而为人的价值所在。

第二节　身正腰直，才能担得稳

古往今来，每个人都是挑着担子努力前行着，只不过每个人身上背负的东西各有不同，需要完成的任务也各有轻重缓急罢了。在世上辛苦打拼时不妨掂量一下自己身上的担子有多重，做到心中有数；同时不断修正己身，努力挺直脊背。然后你会发现，自己已经成了被命运眷顾的宠儿。

挑担子是门技术活儿，这门技术的关键就在于挑担人的腰杆一定要直要硬，否则，走不了几步就会被沉重的担子压垮。人生也是如此。我们的身上总是背负着各种各样的责任，家庭的责任、工作的责任、社会的责任，这些责任就像沉重的担子压在我们的肩膀上。面对这些，我们只有站直了、挺住了，才能不被责任的重担压趴在地。

所以，要想担得起，首先要有身正腰直的基础。

明英宗正统年间，宦官王振把持朝政，他培植党羽、排除异己、横行跋扈、无恶不作。一时间，人人畏惧、个个保身，有的大臣为谄媚逢迎甚至称他为“翁父”，向其行跪拜之礼。

时任晋豫巡抚的于谦对王振十分痛恨，深为国事忧心。他对家人说：“小人当道，君子方显其贵。我虽然没有能力铲除王振，却能洁身自好，绝不与其同流合污。”他深知得罪王振很危险，却希望能以一己之力，唤醒天下人。

当时，地方官进京办事，贿赂权贵已是公开的秘密，对此，于谦心知肚明，却从不按此规矩办。他的手下劝他说：“大人的气节虽令人钦佩，但未必是应对小人的上上之策。那些小人贪财好利，给他们一些便可让他们满足；不给则会马上遭致报复，祸事无穷。既然能消财免灾，为何不投其所好，而让他们纠缠于自己呢？”

于谦听罢大怒，说道：“小人的物欲永无止境，你越是迁就他们，他们就越贪得无厌。小人注定了要与君子为敌，若为君子，又岂能怕这些小人呢？”

于谦还写了一首《入京》表明心迹。诗中说道：“绢帕蘑菇与线香，本资民用反为殃。清风两袖朝天去，免得闾阎话短长。”

于谦的“特立独行”让王振恨得咬牙切齿，他招来同党商量除去于谦之策，同党们都很为难：“于谦廉洁无私、政绩卓著、名望甚高，我们实在挑不出他的错处。”王振冷笑道：“我要办他，还愁找不到罪名？”

正统十一年（1446 年），于谦进京，请求让别人代替自己担任晋豫巡抚一职。不想此事竟然成了王振陷害于谦的把柄，他指使同党上奏英宗：“于谦久不升官，心怀怨恨，故有此举。他一向自作主张，不惜损害国家的利益以增长个人的声望，这使他有了所谓的君子之名，由此亦可见其歹毒用心。”

英宗向来对王振的话偏听偏信，于是下令将于谦关进大牢，打算判他死刑。令王振想不到的是，山西、河南两省的百姓听到于谦被捕的消息后纷纷为他鸣冤，许多吏民更是进京上书，不绝于道。

为了一个于谦竟然捅了马蜂窝，这让王振感到心慌意乱。他的同党见事情越闹越大，于是劝他道：“杀一个于谦固然容易，若是因此让天下人怨恨您的话，那可就太不值得了。现在人人都在替于谦说话，您如果能暂时放他一马，也可以博得一个好名声啊。”

面对群情激愤的形势，王振也只能借坡下驴，把于谦放了出来。

这副名叫“正义”的重担死死地压在于谦的肩膀上，令他在那个灰暗的时代里步履维艰，但同时，真正使他转危为安的也是这副重担。事实上，于谦自始至终就做了一件事，那就是站直了，不趴下。肩上的压力越大，于谦站得就越稳，挺得就越直。在于谦的坚持之下，王振费尽心机，却还是扳不倒他，因为于谦的傲然挺立已经成为当时的一个正义符号。面对如此强大的力量，哪怕王振权倾朝野，也只能对于谦无可奈何。

正所谓“身正不怕影子斜”，影子只是外界光线的反射，并不能完全反映事物的本质。只要有敢于担当的底气，外界的打击再大也无法撼动自己。

第三节　面对过错，勇于承担责任

错误在最开始的时候都是很细微的，灭之于初，往往不会花费很多力气；反之，如果含混推脱，对错误听之任之，就会使错误的影响不断扩大。学会为自己的行为负责，是每个成年人的必修课。敢于正视错误，才有决心改正；敢于承担失败，才不会重蹈覆辙。

每个人都会犯错，但是有些人犯了错误不仅不承认，反而一再推卸，死不悔改，这样做只会让自己所犯的错误更加严重。犯错并不可怕，可怕的是推卸责任的态度。面对过失，我们应该做的不是逃避，而是勇于担当，这样才是真正的大丈夫所为。

蜀后主建兴六年(228年)，诸葛亮为实现统一大业，再次北伐曹魏。他力排众议，任命参军马谡为前锋，镇守战略要地街亭（今甘肃秦安县东北)。

出军前，诸葛亮再三嘱咐马谡：“街亭虽小，关系重大。如果失掉街亭，我军必败。”并明确要求马谡靠山近水安营扎寨，切勿掉以轻心。

但马谡到达街亭后既不顾诸葛亮的指示，也不听取副将王平的多次谏阻，固执己见、自作主张地将大军部署在远离水源的街亭山上。

魏将张郃进军街亭，侦察到马谡舍水上山，心中大喜，立即切断水源，掐断粮道，将马谡一众围困于山上，然后纵火烧山。蜀军军心涣散，不战自乱。最终马谡失守街亭，战局骤变，诸葛亮被迫退回汉中。

失街亭，令诸葛亮既痛又悔。马谡有违背军令、失责失土之罪，自己也有识人用人失误之责。最终，他挥泪斩马谡自贬三级，以此警示全军。

身为统帅，事前部署、临行嘱咐，诸葛亮已完成了一个统帅的责任。然而，当所用之人马失前蹄、痛失大局时，他还有和当事人共同承担的勇气和胸襟。如此之肩，又有何大业不能担起呢？大丈夫成天下大事，理应有为天下担当的气魄。是自己的责任，自己担起；是自己的错误，正视并更正，如此才能免于陷入错误的深渊。

第四节　有担当之勇，更要有担当之智

空有担当之勇，而无担当之智，是无法得到好的结果的。真正的担当是要讲求技巧的，或者群策群力，或者借力打力。如此，才能做出实事，才能达到实效。

林则徐曾经说过：“苟利国家生死以，岂因祸福避趋之。”这是有担当的一种体现。这种铁肩担道义的气魄的确能体现出大丈夫的伟岸之力。但是，做事情也是要讲方法的：担当的智慧不只于拍案而起、挺身而出的匹夫之勇，还要重视过程中行事的方法和最终呈现出的结果。若仅仅为了彰显勇气，或者过程中行事不当，一切就会背离你的初衷。

北宋熙宁年间，宋神宗为了变法图强，任命王安石为宰相，展开了轰轰烈烈的变法运动。但是，王安石的变法措施中有很多触动了当时统治阶层的切身利益，所以，反对他的人很多。其中，御史中丞吕诲就指责王安石有十错。对此，王安石大为恼怒，他对宋神宗说：“吕诲不识大体，不遗余力地攻击臣，并不是因为他反对臣，而是因为他对新法不满，对陛下有怨。现在变法刚刚启动，怎能任他说三道四、扰乱人心呢？”

神宗既然下了决心要变法，自然要力挺王安石，于是就下旨把吕诲

贬出了朝廷。

三朝老臣韩琦听说吕诲被贬，急忙上书神宗:“新法刚刚施行，必然有一些人暂时还不理解其中的意图。吕诲身为御史中丞，谈论这些是他的职责所在。他只是说了王安石几句坏话，就被赶出了朝廷。这样一来，以后谁还敢讲话呢？王安石过于苛刻，陛下不能纵容他。”

神宗反思过后，也觉得自己做得有点儿过分了，便要召回吕诲。王安石听说后极力反对，让神宗十分为难。

当时，王安石的好友司马光对他说:“陛下信任你，你更应该减少陛下的烦忧。你现在大权在握，如果不容许别人说话，你的威信便会丧失殆尽。这样的话，你又怎能推行新法呢？”王安石反驳道:“我要是任由这些人对新法说三道四，就是一个不堪大任的懦夫。我劝陛下贬斥吕诲，就是为了告诉天下人朝廷变法图强的决心。”

由于王安石的强烈反对，神宗最终没有召回吕诲，而是任命韩维接替吕诲的职务。韩维对神宗说:“臣从前指责过王安石，王安石一定忌恨在心，臣不敢赴任。”于是，神宗召见王安石，告诫他说:“你主持大局，不能苛求于人，更不能没有器量。自古以来，不能容人的人是不能成大事的。朕支持你的主张，满朝文武却不可能全都迁就于你啊！”

听了神宗的这番劝诫，王安石默然不语，但事后仍然我行我素。对于反对新法的人，王安石毫不留情地予以打击，这让很多像司马光那样原本与他交好的朋友都与他疏远了。王安石不以为意，自解说:“成大事的人难免孤独，这并不是我的过错。”

一天，王安石跟随神宗骑马进宣德门，卫兵拦住了他，鞭打了他的马。王安石又气又怒，请求神宗严惩卫兵。有人劝道:“大人身为宰相，就应该有宰相的器量，不该和一个卫兵如此动气。此事传扬出去会有损大人的声望。”王安石却说：“不是我有心要治卫兵的罪，而是他实在太无礼了。对宰相不敬，便是大罪。我宁肯不要声望，也要惩戒卫兵。”

神宗迫于王安石的一再请求，只好把那个卫兵杖责了事。御史蔡确当众指责王安石过于霸道，他激愤地说：“卫兵把守官门，尽职尽责。宰相没有在该下马的地方下马，违反了宫中规定，难道他不该过问吗？宰相是管理国家的人，如果把精力都放在和卫兵过不去上，这样的宰相，不要也罢！”

王安石处处强硬，做事独断专行，渐渐连神宗都对他失去了信任。反对他的人天天状告不止，王安石用尽方法也阻挡不住。后来，神宗终于顶不住文武百官的压力，忍痛罢了王安石的相位，王安石所推行的新法也大多被废止了。

我们每个人都有自己的位置，更有自己的责任。面对责任的时候，不能推脱，要勇于去承担。但是，在承担责任的同时，我们也千万不能忘了随时抬头看路。做事要讲究态度和方法，否则就会像王安石那样，在推行自己政治理想的过程中闹得众叛亲离。

第五节　靠勇气开辟成功之路

有勇气不仅仅是胆子大，而是面对事情时有绝对的自信，待人接物时有天然的震慑力。与其说这是一种本性，不如说这是一种提前“设计”好的应对突发事件的智慧。靠着勇气，很多潜意识里尚未开发出来的能力一一展现，从而为你的成功开辟出一条崭新的大道。

在承担责任的过程中，你可能会碰到恶人当道，也可能会遇到荆棘拦路。此时，勇气就是你手中的开山巨斧。靠着勇气，你可以破除困境，给自己开辟一条成功之路。

赤壁之战，孙、刘两家联手打败了强大的曹操。但是战争结束没多久，两家之间的矛盾就渐渐凸显，争执最多的就是荆州的归属权问题。

刘备入川之后，关羽负责镇守荆州。当时东吴的大都督鲁肃定下计策：邀关羽过江赴宴，酒宴之上向他讨要荆州，如若关羽不同意，埋伏在酒宴上的士兵就一拥而上把他扣住，然后趁机袭取荆州。关羽也知这是一次鸿门宴，但还是带着周仓和几十名随从如约而至。

在酒宴上，关羽开怀畅饮，跟鲁肃谈笑风生，绝口不谈荆州之事。忽然，两人身后发出一阵“嗡嗡”的声音。鲁肃有些惊讶地问道：“这是什么声音？”

关羽说：“这是我那青龙偃月刀发出的震颤声也。”

鲁肃茫然不解：“一柄刀怎么会发出啸声呢？”

鲁肃一惊，联想到关羽的勇武，竟然不敢再提起讨要荆州的事情了。又过了一阵，关羽假装醉酒，拍案而起：“鲁都督，今日酒已饮够了。咱们暂且别过，下次我当在荆州设宴，还请都督！请都督送我一程吧。”说完，关羽从周仓手中取过青龙偃月刀，拉着鲁肃的手臂向停在江畔的座船走去。埋伏在两旁的士兵见关羽威风凛凛，再加上鲁肃就在旁边，投鼠忌器，谁都不敢轻举妄动，只能眼睁睁地看着关羽坐上船，返回了荆州。

靠着勇气，关羽只带了很少的随从就去江东赴宴；靠着勇气，关羽在宴会上谈笑自若，气势完全压过了鲁肃；同样，也是靠着勇气，关羽敢把鲁肃作为人质，在剑林刀丛中安然无恙地登上返回荆州的座船。可以说，是勇气给了关羽压制对手的气场，成就了单刀赴会的佳话。

所以说，正向的勇气用在正确的时机上，往往能收到事半功倍的效果。身处困境，胆小的人只会沉溺于恐惧，有勇气的人却能激发自己的才智，从而化险为夷。

第十三章

伏鸾隐鹄，含明隐迹

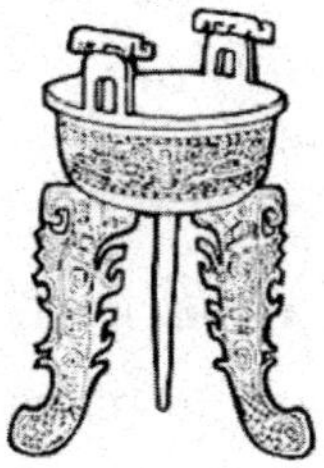

“大音希声，大象无形。”真正的智慧在于守藏，真正的才华在于沉默。聪明的人不经常说话，但必定是一语中的。深藏不露是一种智慧，可以收敛锋芒、掩饰力量，免遭不必要的麻烦。保持低调，静待机会，一旦时机成熟，就会一鸣惊人。

第一节　要在合适的机会展现才华

智慧不是用来炫耀的，而是实实在在拿来用的。有志之士根本不在乎他人的称赞或轻视，他们的自信是发自内心的。所以，他们不会为了博取眼球而消耗自己的才华，不会为了讨好他人而肆意浪费自己的才华。他们会在平常的时候默默积累，在关键的时候一鸣惊人。这才是珍视自己、爱惜自己羽毛的做法。

《周易》有言：“君子藏器于身，待时而动。”意思是说，君子的才华不要急着显露，应该等待合适的机会再展示出来。在现实生活中，有些人喜欢卖弄才华，结果招惹了一身麻烦；而那些真正身怀绝技的人却不会如此，他们懂得把自己的才华用在实处。

战国时期，秦国自恃强大，四处征战。有一次，秦国大军攻打赵国，赵国因为在长平之战中遭到惨败后兵力不足，渐渐抵挡不住。赵孝成王要相国平原君想办法向楚国求救。平原君决心亲自去楚国谈判，争取联楚抗秦。

出发之前，平原君打算带20名文武双全的人一起去楚国。要从手下的三千门客中挑选出20人确实不容易，挑来挑去，还差一人。正在苦恼时，有一个坐在末位的门客站了起来，自我推荐说：“我来当这最后一个吧。”

平原君看着这张陌生的面孔，问道：“先生叫什么名字？到我门下有多长时间了？”

门客答：“我叫毛遂，来到主人门下已三年有余。”

平原君摇了摇头，说：“有才能的人就像一把锥子放在口袋里，它的尖儿很快就会冒出来。可是先生来到这儿已经三年了，我却从来没有听说过您这个人……”

毛遂解释说：“您看不见我，那是因为我平时不爱出风头，不争名夺利。”很多人都认为毛遂在说大话。可是平原君欣赏毛遂的胆量和口才，决定让毛遂一试。

来到楚国以后，平原君跟楚王的谈判进行得十分艰难，从早晨一直到晌午，楚王说什么也不同意出兵抗秦。平原君的门客都在台阶下等候，看到谈判毫无进展，谁也不知道应该怎么办。只听毛遂突然高声嚷道：“合纵不合纵，三言两语就可以解决了，怎么从早晨说到现在，还没说完呢？”他一边说着，一边不慌不忙地拿着宝剑上了台阶。楚王听见毛遂的话，非常不高兴：“我正跟你的主人商量国家大事，哪里轮到你来多嘴？还不赶快下去！”

这时候，毛遂已经走到离楚王很近的地方了，他按着宝剑跨前一步说：“你用不着仗势欺人，我现在随时可以取你性命。”楚王看着毛遂手中的宝剑，听他的语气是什么事都做得出来的，不得不缓和了口气：“那您有什么高见，就请说吧。”

毛遂详细地分析了当时各国的情况，尤其分析了楚国当时的处境、合纵与否的优势与劣势。毛遂的一番话一针见血地说到楚王的痛处，令楚王汗颜。最后，楚王同意了合纵抗秦。回到赵国后，毛遂得到了平原君的重用，成就了一番事业。

毛遂平时在人前总是十分低调，从不表现自己的智慧，以至于主人平原君都对他毫无印象。但是到了关键时候，毛遂能施展自己的才干，力挽狂澜，正是好钢用在了刀刃上。

在古代，才大智高者常会被人视为威胁，极易受到当权者的猜疑和其他人的打击。君子虽不怕磨难，但不能无端受辱。他们隐藏智慧，只为防患保身。所以，真正的大智者是小事装糊涂，大事分得清。这样，才能获得长远的发展。

第二节　学会隐藏自己的真实实力

很多人习惯将自己的计划和目标向他人和盘托出，以期获得他人的认同，展现自己的优秀。这种行为本身没有错，但是，这种不分场合和对象的坦诚有时候会伤害到自己，也可能会冒犯到他人。距离产生美，双方各自保有一定的底线，反而更有利于相处。

战场上有一个原则——知己知彼方能百战不殆。说的是事先了解自己和敌人，能对取胜起到很好的帮助作用。知彼能够取得主动权。如果我们掌握了对方的实力和意图，那么胜算自然更高。反过来，倘若对方对自己的情况了如指掌，那么己方就处在被动的位置，这是极为不利的。所以，学会隐藏自己的真实实力是很有必要的，尤其在己方实力不足的情况下。

廉范，字叔度，是战国时期赵国名将廉颇的后人，东汉明帝时期有名的廉吏，为人耿直，颇有谋略。

东汉时期，匈奴大举进攻云中（今内蒙古托克托旗），云中太守恰是廉范。当时，有人劝说廉范发信求救。廉范却不同意，并且亲自带兵抗击匈奴。匈奴兵力强盛，汉军兵力势弱，再加上军中人少，因此在交战的时候，汉军渐渐落了下风。

面对敌强我弱的形势，廉范想出了一个破敌良策。

暮色四合之时，廉范命令兵士每人将两个火把相互交叉捆绑在一起，手持一端，点燃三端。这样一来，火光逐渐强盛，乍一看，宛若天上的星星。匈奴军看见汉军的火把不断增多，以为汉军的援军到了，非常害怕，准备第二天清晨撤退。

然而，还未等他们撤走。廉范就带兵突袭了匈奴营地。所有兵士一边手持火把，一边喊叫着，闯进了匈奴的营帐。匈奴兵骤然听到汉军攻来，吓得四下而逃。众兵士点燃了匈奴兵的营帐，追击逃窜的匈奴兵，斩杀敌人数百。自此之后，匈奴再也不敢进犯云中。

廉范知道己方势弱，便多点火把以迷惑对手，让匈奴以为汉军来了援军，自乱了阵脚。他成功隐藏了自己的真实实力，成为此次战事以少胜多的关键。

在现实生活中，我们常常会受到他人的考验，比如，工作面试或项目竞选。对方会通过观察来判断你的情况，当你实力微薄时，首先自己不能露怯，要懂得以自信弥补实力的差距。当你自信时，对方才可能考虑给予你机会；倘若连你自己都先坦诚了条件不足，那么对方又有何理由相信你呢？

第三节 克制猎奇之心，不打听隐私

每个人都有自己不愿意被人知道的一面，或者在某些方面有自己最敏感的、不愿意别人提及的忌讳。我们应该尽量避开这些雷区，克制自己的猎奇之心不去打听，即使知道也要假装不知道，不向他人传播。这样才能与别人和谐相处，并得到别人的尊重。

好奇的心理几乎每个人都有。有时候是对于知识的好奇，我们把它叫作求知欲；有时候是出于一种猎奇的心理，对那些和自己并无关系的事情过分追究。前者可以让我们不断丰富自己，而后者却可能使我们遭到不必要的祸患。

书法家王羲之生于东晋望族，他的伯父名叫王敦，任大将军，掌管东晋的兵马大权。王羲之平时最受王敦器重，王敦把他看作王家下一代中的佼佼者，经常把王羲之带在身边。

那年，王羲之十一二岁，恰留在王敦府中居住。

初夏的早晨，王敦起床不久，谋士钱凤就急匆匆地走进王府，直奔客厅而来。王敦立即到客厅与他见面，钱凤向王敦使了个眼色，王敦叫几个仆人退了下去。原来，王敦一直野心勃勃，想谋权篡位。二人关起门来，正是在商讨“谋反”之事。

二人叽叽咕咕地谈了好一阵。王敦突然停了下来，他透过窗子，看到对面房间里垂着的帐子动了一下。这使他想起侄儿王羲之还在床上睡觉，而他的卧室就紧挨着客厅。

起兵谋反可是一件冒天下之大不韪的事，一旦走漏了风声，身家性命全都不保，王敦和钱凤对此十分清楚。此时的钱凤两眼露出了凶光，他对王敦说：“将军，量小非君子，无毒不丈夫啊！”钱凤这是怂恿王敦去杀王羲之。

王敦心一横，“嗖”的一声，拔出了寒光逼人的青龙宝剑，提剑直奔王羲之床前。当他撩起帐子，正待挥剑砍下去的时候，却突然停了下来。原来，他看见王羲之睡得正香甜，头歪在了一边，还发出微微的鼾声。

王敦十分疼惜自己的侄儿，庆幸自己的密谋之言并没有被侄儿听去，于是，打消了杀侄儿的念头。他将宝剑收入鞘中，拉着钱凤走了出去，一场虚惊就这样过去了。

有些事情知道与否无关紧要，而有些事情知道了反而不如不知道。王羲之明白此理，在想到王敦可能已经发现自己得知了他的秘密时，尽力使自己平静下来，两眼闭着，神态安然，完全像睡着一样，一点儿破绽也没有露出来，这才使自己免于一难。不是所有的东西都知道得越多越好，那些别人不愿意你知道的秘密或隐私，知道得越少越安全。

第四节　收敛情绪，不怨愤，不失态

“不以物喜，不以己悲”，这是范仲淹在《岳阳楼记》中所提出的人生境界。是随环境摇摆，还是保持自我，皆在于你的选择。不要让任何事情左右你的心态，如果能够做到不嗔、不怨、不喜、不悲，那你就离成功不远了。

人生在世，要想一帆风顺是不可能的。刘伯温曾说：“岂能尽如人意，但求无愧我心。”尽管我们没有力量去改变世界，但是至少可以做好自己。遇到不尽如人意的情况时，应隐藏抱怨的情绪，不怨天尤人，不忘形失态。如此，才能在喧嚣中活出安然。

明朝末年，莱阳人左懋第苦读诗书，想要考取功名，却无奈几次落第。同乡人见他毫不气馁，面无苦色，禁不住问道：“你如此不幸，换作其他人恐怕早就愁苦不堪了，你为何能像平常一样？”左懋第说：“喜怒于色是愚人所为，于事何补？我胸有波浪却将其潜藏，这样才能用心读书。事情有好有坏，苦恼在所难免。我又何必在意落第之痛呢？”

左懋第的坚持终于有了回报。崇祯四年（1631 年），左懋第终于考取了进士。但没想到的是，初入官场的左懋第却备受排挤和打压。然而，就和当年屡试不中的时候一样，左懋第还是一如既往地泰然处之，全无怨愤。同乡为他的遭遇愤愤不平。左懋第却说：“想要为人做官，这些都是不能回避的，不必为此徒增烦恼。”

崇祯十二年（1639年），左懋第升至户部给事中。他不为自己升官而喜，却为国事而忧。他上书崇祯帝说：“现在朝廷有四大弊端，民穷、兵弱、臣工推诿、国计虚耗。如果不能尽快解决这些问题，危害便会渐渐扩大，国家就危险了。”

左懋第的奏折多少引起了崇祯帝的警醒，他召见左懋第说：“朝廷积弊甚多，远非一日，朕岂能不知？但是，朕有心治理，却无力革除。”看见崇祯帝的愁苦之状，左懋第说：“陛下有陛下的苦处，但这不应该成为放任不管的理由。身为万民之主，陛下理应做好该做之事。遇到困难不回避，适逢功绩不自喜。这样才能使国泰而民安啊！”

崇祯时期虽然算不上是中国历史上最坏的时代，但也绝对不是什么好时代。生于乱世，左懋第却没有怨天尤人，也不曾唉声叹气。他只是努力做好自己该做的，尽人事而听天命。能够在乱世之中还保持这样的平心静气之态，不怨愤、不消极，实属难得。

遇事只会发泄情绪，于事无补。收敛自己的情绪，集中精力解决问题，才是处事的良策。以静制动，能收到四两拨千斤之效；平心静气，才不会被外界的纷繁扰攘所伤。

第十四章 言而有信，发达之道

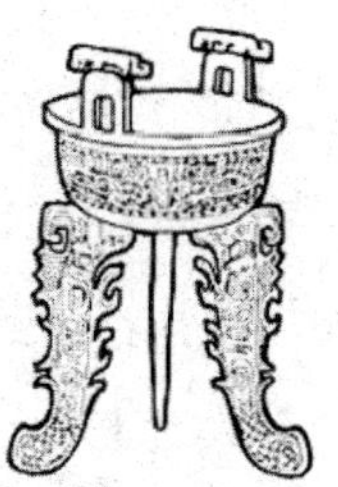

孔子曰:“人而无信，不知其可也。”意指，人若不讲信用，在社会上就无立足之地，什么事也做不成。诚信是做人的根本，也是我们每个人应该遵守的社会准则。善言者难掩无信之人，不重视诚信、不信守承诺是成事的大忌，它会让人失去一切支持。

第一节　诚信者多助，失信者无援

良好的信用就好像自己的一张名片。有信用的人，大家才愿意和他相处。如果一个人满口谎言、说话不算话，即使能力再强，也会在人际交往中碰一鼻子灰。在生活和工作中，我们需要珍惜每一个建立诚信形象的机会，切勿让人将你划分到信口开河、言而无信的队伍中，那会使你陷入无援的可悲境地。

诚信是人们在社会交往中得人信任的第一准则，它是衡量一个人人品的标尺。一个人的诚信度会直接影响到他在交际中的地位、形象和威望。我们对那些诚实守信的人往往抱着一种推崇、依赖和亲近的态度，而对违背信用的人，则常常会轻蔑、贬斥和远离他们。

战国时期，在秦孝公的支持下，商鞅开始主持变法。为了树立威信，商鞅在都城南门外立了一根3丈长的木头，并许下承诺：谁能把这根木头搬到北门，就给他10两赏金。老百姓都不相信商鞅的话，他们窃窃私语：“怎么可能呢？搬根木头就能给这么高的赏钱？”于是，没有一个人肯上前去。接着，商鞅又把赏金提高到50两。所谓重赏之下必有勇夫，终于有人站出来将木头扛到了北门，商鞅立即给了他50两赏金。商鞅的这一举动让百姓们都相信了他，接下来，变法很快在秦国施行开来。

在商鞅“立木为信”的地方，比他早400年，也曾发生过一件世人皆知的事，只不过那是一场令人啼笑皆非的“烽火戏诸侯”的闹剧。

周幽王有个宠妃叫褒姒，为博取她一笑，周幽王下令在都城附近20多座烽火台上点起烽火。烽火是边关报警的信号，烽火台只有在外敌入侵、诸侯须救援的时候才能点燃。诸侯们看见烽火燃起，以为敌人来了，纷纷急忙赶到，到了之后才发现竟然是一场闹剧，又气得愤然离去。褒姒看到平日里威仪赫赫的诸侯们手足无措的样子，终于开心一笑。5年后，西夷犬戎大举进攻周国，周幽王吓得赶紧点燃烽火。但是经历过多次的闹剧，诸侯们不会再去上当了，最后周幽王被杀，而褒姒也被俘虏。

《左传·僖公十四年》中有言：“弃信背邻，患孰恤之？无信患作，失援必毙。”意思是说，失去了信用的人，在祸患发生时，必会因为失去援助而走向灭亡。商鞅“立木为信”，最终变法成功、国强势盛；而周幽王“戏耍诸侯”，拿信用开玩笑，最终自取其辱、身死国亡。此二者恰恰证明了这一道理。

一个人言而无信、口是心非，必然不能获得他人的信任，进而无法被他人和社会所接纳；相反，一个人以诚为本、以信立人，便会得到他人的关心和帮助，从而事有所成。诚信是一种利人利己的行为，只有言出必践，用自己的实际行动展现出诚信，才能发现诚信给人带来的好处。

诚信是一种无形的资产，它会在你危难的时候凸显魅力，带给你意想不到的援助。

第二节 做人不说空话，说到就要做到

一个人必须对自己的承诺负责，不能掉以轻心。对别人许下的诺言，必须尽最大的努力完成，倘若尚不具备实现承诺的能力和条件，就不要将诺言说出口。

特别是对家人和朋友的承诺，更需要我们加以重视。不要以为，家人和朋友与自己有着亲密的关系，不守诺也无伤大雅。父母不守诺言，孩子便会效仿，成为不诚信的人；朋友间不守诺言，便会由失望导致信任危机。

中国古代有个叫季布的人，他很重视自己的信誉，人们都夸奖他说："如果得到季布的一个许诺，比得到千两黄金还要值钱。"由此可见守诺的价值。君子一言，驷马难追。诚信的首要表现便是守诺，即言行如一，不管多困难，说过的话一定要办到。

春秋时期，吴国国君寿梦共有四子，其中小儿子季札最聪明，也最受寿梦宠爱，寿梦甚至希望越过《周礼》之制（按照《周礼》，王位应由长子继承），由小儿子季札继承他的王位。

这个消息不胫而走，无意间传到了季札的耳朵里。听闻此事，季札并不怎么开心，他向寿梦建议说，由大哥做吴王，自己去周游列国，宣

传吴国。无可奈何之下，寿梦只得听从了季札的意见，并赐了他一柄吴国的宝剑，以作信物。

不久之后，季札就启程了。他先到了徐国，徐国国君对季札很热情。两个人交谈后顿生知己之感。第二日，两人又是秉烛夜谈，然而，聊得正高兴的时候，季札发现徐国国君有些心不在焉。仔细一看，原来他总是盯着自己腰间的宝剑，季札看在眼里、记在了心上。等到离开的时候，徐国国君为季札摆下了酒宴，季札就拿出吴王赐给他的宝剑舞了起来。剑如流光，人如美玉，真如龙腾凤舞一般。

季札很想把宝剑送给徐国国君，但是这柄剑是吴王赐予自己周游列国的。自己刚刚来到徐国就把它送人，非常不妥。徐国国君心里也很矛盾，尽管自己非常喜欢这柄宝剑，但是君子不夺人所爱，他深知这宝剑对季札的重要性，也就没有开口。临行前，徐国国君又赠给季札很多礼物。对于徐国国君的盛情款待，季札非常感动，他暗暗发誓：等到自己周游列国的使命完成之后，一定回到徐国，把宝剑送给徐国国君。

时光飞逝，几年过去了。季札完成了周游列国的使命，他一直记着自己当初暗许的诺言。在回吴国的路上，他特地赶到徐国拜见国君。可是，徐国国君在不久前已经因病去世了。

季札非常伤心，他来到徐国国君墓前，哭诉道：“自上次分别后，我一直期待着与您再次相逢。这柄宝剑我每天都会擦拭一遍，就是为了完成任务之后亲手把它送给您。没想到，天不遂人愿，我回来了，您却走了……”说完，季札就把宝剑挂在了徐国国君墓前的松树上，然后伤心地离开了。

季札一直记着自己对徐国国君的承诺，即便这承诺只是心中暗许并未宣之于口，甚至承诺的对象也已经亡故，但他依旧履行了诺言，真正做到了重信守诺。

千百年来，“一诺千金”一直是中华民族信奉的行事准则。诚贵在于心，信贵在于行。做人不说空话，说到就要做到，这才是君子所为。

第三节　做人不可欺人，诚信是经营的根本

做生意，利益固然重要，但比利益更重要的是信誉。在当今社会，“品牌荣誉”至关重要，信誉度就是企业安身立命的根本。然而，维护信誉并非易事，很多时候，我们会为了实现承诺要付出一定的代价。正因为如此，良好的信誉得来不易，人们才会更加看重它、珍惜它。可见，有时肯付出、敢吃亏也是一种有价值的投资。

人人都想成就一番轰轰烈烈的事业，可有的人在实现理想的过程中，为了眼前的利益，将信义看得很淡，甚者背信弃义。那么，这样的人又如何能获得长久的成功呢？

我们常说“诚信是金”，在成功者眼里，诚信就是最大的财富源泉，因为人们只会选择那些有保障的品牌或产品，任何微小的信誉瑕疵在消费者眼中都会被无限放大，成为他们抛弃品牌或产品的理由。只有拥有良好的信誉，个人和企业才能得到长足的发展。

春秋时期虽然战争频发，却更是商人容易暴富的时代，范蠡、计然等人便是其中典范。越国有一个名叫虞孚的人也梦想着一夜暴富。他找到了计然，向他求教致富的方法。计然告诉他说：“现在种漆树非常赚钱。

你可以先种一些漆树，等到漆树长成之后，以采漆卖钱。”之后，虞孚又向计然咨询了种植漆树和护理漆树的方法，计然先生有问必答，耐心指点。

虞孚回去之后就开始筹钱种漆树。三年之后，漆树长成。恰逢此时，妻子的兄长来看望二人，他看到这些漆树后对虞孚说：“我经常到吴国经商，知道如何卖漆更赚钱。”虞孚连忙请教，其妻兄说：“我看到很多卖漆的人都煮漆树叶，然后把煮出来的漆叶膏混入纯漆中售卖，吴国人很笨，绝对发现不了。”虞孚听了内心狂喜，便按妻兄说的方法做了。

当时，吴国和越国是敌国，相互之间不通商，因此，越国的漆在吴国非常畅销。吴国人听说虞孚来卖漆都非常高兴，以宾客之礼接待了他。验货时，吴国人看到他的漆都是上等货色，非常满意。双方讲好价钱，贴好封条，约定明天一手交钱、一手交货。

吴国人刚一离开，虞孚就打开封条，把漆叶膏倒了进去。由于做得匆忙，不小心在坛子口附近留下了一些痕迹。第二天，吴国人如约来取货，发现封条有动过的痕迹，就知道虞孚做了手脚，于是就找了个借口，说是过几天再来交易。

虞孚在自己的住所等了好几天，也不见吴国人过来。时间一久，漆都变质了。他去吴国人那里讨说法，吴国人责备他说：“商人做生意时最重要的就是诚信，而你却明里一套、背地一套，谁还会相信你？你这是自作自受，没有人会可怜你。”

虞孚不仅漆没卖出去，三年的努力付之东流，还因为花光了身上的钱，无法回到越国，只能在吴国以乞讨为生。最后，虞孚因为穷困潦倒而客死异乡。

虞孚因为一时的贪念丢弃了诚信做人的原则，而他最终也尝到了背信弃义的恶果。任何时候、任何原因都不能成为你欺骗别人的借口。人无信不立，业无信不兴。诚信是经商的根本，靠蒙骗他人获取利益，也许能混得过一时，却混不过一世，早晚有一天，无信之人会为他的背信弃义付出惨痛的代价。

第四节 做人不可自欺，求实不求虚

做人要诚实，不要矫饰伪装。矫饰伪装地做人不仅令他人不喜，自己也活得很累。因为不仅要时时提防假面具被人戳穿，还要受到良心的谴责而常常处于紧张戒备的状态，心理上很难获得真正的轻松。与其如此，不如坦坦荡荡，活得真实一些。

“滥竽充数”这个故事在中国流传了几千年，那个卷着铺盖逃跑的南郭先生也成了人们记忆中的经典形象。最初，南郭先生只是为了混口饭吃，撒了个小谎，后来撒谎成了习惯，他也不觉得自己的做法有什么不对，直到有一天真相大白，他才发现自己竭力维持的假象不堪一击，别的乐师不管技艺好坏，都是有真才实学的，只有他是一个摆样子的冒牌货。

老一辈的人经常教育小一辈：没有金刚钻，别揽瓷器活。凡事要估量自己的能力，能做就做，不能做就暂时别做，如果靠着谎言或者运气得到了自己无法胜任的工作、爬到了不适合自己的高度，迎接你的也许是短暂的辉煌，但接踵而来的考验一定会让你吃不消。

秦朝末年，秦二世不施仁义，导致天下大乱。陈胜、吴广揭竿而起，天下云集响应。一时间，反秦的战事一触即发。当时，东阳县（今安徽省天长县）有一个名叫陈婴的人，是此地的令史，做事小心谨慎，有良好的道德品质，在当地非常出名。就在各地纷纷起义的时候，陈婴却怕殃及自己，于是隐于家中，依旧当着自己的令史小职。

当地有一个外号叫“李大胆”的壮汉，刚刚二十多岁，脾气非常火暴，会点拳脚功夫。他向来不务正业，常常喝酒闹事。一次，他打了当地富人的儿子，被县衙抓去挨了一顿板子，之后一直在家里休养。一个多月后，他的身体好了一些，就走出家门散心，无意间听到了各地纷纷起义的事。李大胆不禁欣喜若狂，当晚便操刀杀了县太爷，然后召集起了几千人也举起了造反的旗帜。

然而，群龙无首不行，必须找一个人带领他们。李大胆颇有自知之明，他认为自己是一介莽夫，不可担此大任，得找一位有才学的人。结果，就想到了陈婴。就这样，他们一伙人来到陈婴家请命。起初，陈婴没有答应，但是迫于威胁，最终只能勉强同意了。乡里人平时受陈婴恩惠颇多，一听说他领导大家起事，纷纷前来报名。在短短几天的时间里就召集到了两万多人，声势颇为浩大。众人又纷纷建议陈婴称王，并为其取名“东阳王”。

陈婴的母亲听说此事后坚决反对，她说：“孩子，咱们家祖上没有显贵之人，而你身为一名小吏却要称王，你无法撑起这么大的伞为百姓遮挡风雨，还是做点儿实实在在的事好。”陈婴认为母亲的话极有道理。他坚决不同意称王，只是被众人推到了首领的位置上。

陈婴被推作首领后一直想着母亲的话，始终没有放弃辞掉该职位的心思。正当他日夜为此事烦恼的时候，却收到项梁的一封信，邀请他一起讨伐暴秦。陈婴眼前一亮，认为机会来了，于是马上召集众人，说：“项梁乃将门之后，项羽有万夫不当之勇，我们归附他们一定会有好的前途。”众人也认为有道理，于是一同投奔了项梁、项羽的军队。至此，陈婴终于卸掉了称王的包袱。

陈婴投靠项梁后，被封为上柱国（相当于相国），一直陪侍楚怀王左右。等到刘邦统一天下后，他仍然被封为堂邑侯，显贵一生。

当人们皆认同你，而你深知自己没有这份能力时，你愿意放弃唾手可得的荣誉和财富吗？如同故事中的陈婴一样，不求虚名只求务实。

《礼记·大学》中曰:“所谓诚其意者，毋自欺也。”即所谓意念真诚，就是不欺骗自己。现实生活中，人们往往为了欲望而选择难以胜任的职位，为了得到他人的羡慕而矫饰自己的生活，为了自我满足而做出无效的努力。名不副实，最终只能以失败而告终。因此，我们应该时时告诫自己：人最不可以欺骗的是自己。

第十五章 忍辱负重，强者之道

孟子曰:“故天将降大任于斯人也，必先苦其心志，劳其筋骨，饿其体肤，空乏其身。”对于成就大事的人来说，忍辱负重是成就事业必须具备的品质。能在困境中隐藏锋芒、忍受屈辱，让自己挺过最困难的时期，更是一种坚韧品格的体现。小不忍则乱大谋，当忍则忍既是一种智慧，也是一种能力。

第一节　忍是一种成事的品格

唐代诗人白居易说：“孔子之忍饥，颜子之忍贫，闵子之忍寒，淮阴之忍辱，张公之忍居，娄公之忍侮。古之为圣为贤，建功树业，立身处世，未有不得力于忍也。凡遇不顺之境者其法也。”古人将忍作为一个人道德修养的重要组成部分，社会经验丰富的人常常将忍作为衡量自身能力的标准。世事万象，难以万全。善于容忍，才能完善己身。

在诸多忍的情况中，有一种叫容忍。人生在世，难免会遇到各种烦心事、遇见各种类型的人，这时就需要我们懂得容忍。能否做到容忍，是判断一个人是否具备成事品格的标准之一。做大事者既要有容事之量，志存高远，不计较一时得失，又要有容人之量，忍得下他人的冒犯，这样才会有人愿意与你共事，为你效劳。

秦嬴政统一六国之后，建立了中国历史上第一个中央集权的封建王朝——秦王朝，并且自封为秦始皇。但是各国的故人却难心服，不断有人想要刺杀秦始皇。张良就是行刺秦始皇的刺客之一，但他的刺杀行动未能成功，而且还被秦始皇悬榜通缉。无奈之下，张良只得隐姓埋名，躲在下邳（今江苏睢宁县西北古邳镇）。

有一天，张良独自闲逛，来到了下邳外的一座桥上。有一位老人走到张良的身边，故意把自己的鞋踢到了桥下，回过头对张良说："你去帮我把鞋捡上来。"

此时，桥上只有张良和老人，张良这才意识到老人是在与自己说话。老人见张良无动于衷，就问他："你不愿意吗？"张良平素自视清高，怎么会愿意为这位老人捡鞋子呢？于是，张良沉默不语，只是上下打量着老人。他见老人皱纹深陷，满头银发，不禁想起了自己的父亲，顿生怜悯之情，于是长叹一声，把鞋给捡了上来。

老人又说："你帮我把鞋穿上。"张良非常生气，觉得他把自己当下人使唤，但转念一想，既然自己已经把鞋子捡上来了，就好人做到底吧。于是，他跪在地上，给老人穿上了鞋。

老人站起来跺跺脚，笑着说："孺子可教也。五日后的清晨，我们在此相会。"

五天之后，张良如约赶来，发现老人已经在此等候多时了，他责备张良说："你与我相约，却让我等你，这就是你对待老人的礼仪、态度吗？五日后的清晨，我们再在此相会吧。"

又过了五天，张良很早就赶来，但还是晚了一步。老人又提出了同样的要求。

等到第三次赴约，张良在月上中天的时候就在桥上等候了。这一次，老人非常高兴，掏出一本书递给张良，并对他说："年轻人，从第一天开始，你就在接受我的考验，现在，你有资格成为这本书的主人了。等到你学会书中的精髓，一定能有一番大作为！"说完，老人就消失了。张良打开书一看，竟然是《太公兵法》。

此后，张良日夜诵读、研究这部兵法，果然成了一名精通韬略的军事家。

下邳拾履，是张良一生事业的起点。张良克制了自己的愤怒和不快，一一满足了老人接二连三的无理要求，这些看似侮辱的要求恰恰证明了张良具备恭敬、守信、忍辱等成大事的品格，所以老人才放心地将《太公兵法》赠与他。世事的艰辛让张良学会了容忍的智慧，而这份忍耐也为他带来了成大事的基础。

想要做成一件事，必须具备很多能力，其中容忍常常被人们忽略。提到“忍”，我们常常想到的也是胆小懦弱等负面的描述。的确，因为胆小怕事而忍气吞声是为人所不喜的，但还有一种“忍”是源自气量和胸襟，这种“忍”代表的便是勇气和智慧，是每个人都应具备的成事的品格。

第二节 小事情忍不下，就会败坏大事情

在生活和工作中，人们常常因为逞一时之快而说出后悔的话、做出后悔的事。其实，回过头想想，都不过是一些芝麻小事，却因为当时的忍不住，而让人生的大局发生了极大的转折。君子之心，可大可小；丈夫之志，能屈能伸。莫让一时的冲动毁了一世的前程。

事有大小之分，利有远近之别，当眼前的冲突有碍大局和长远利益时，忍住当下以保全大局才是智者的选择。孔子在《论语·卫灵公》中曰："小不忍则乱大谋。"如果一点小事都容忍不了，那么大事也肯定做不成。因小失大，悔之晚矣。

春秋时期，齐国日渐强盛，齐桓公不想偏安一隅，于是亲率大军征讨鲁国。鲁国派大将曹沫应战，无奈两国国力悬殊，三次大战，鲁国皆败。就这样，齐国一口气打到了鲁国都城城外。鲁庄公只得向齐国求和，并献出遂邑以示诚意。齐桓公同意了。

在和解仪式的前一天，曹沫对鲁庄公说："大王是想死而又死，还是愿意生而又生呢？"鲁庄公不知何意。曹沫说："您不听从我的计策，鲁国就会灭亡，而您也会遭受到齐国的侮辱，此为'死而又死'；您听

从我的计策，我们的国土不仅不会减少，反而会扩大，您也可以高枕无忧，此为‘生而又生’。”鲁庄公听了曹沫的计策，连声叫好。

第二天，齐国和鲁国在柯地进行和议。谈判时，曹沫突然用匕首抵住了齐桓公的脖子，然后对齐国的大臣们说：“都不要轻举妄动，否则我就杀了他。”

齐国的兵士见事发突然，都不敢向前，连声问曹沫想干什么。

曹沫说：“齐国幅员辽阔，鲁国贫瘠弱小。齐国若是无休止地索取，鲁国只能无休止地给予。一旦鲁国城墙倒塌，就会压到齐国的土地上了。你们想想应该怎么办吧！”

齐桓公明白了曹沫的意思，他是想让自己把侵占的鲁国领土归还给他们。为了保全性命，齐桓公只得暂时答应。话刚说完，曹沫就放下刀子，把齐桓公放了回去。

回到齐国后，齐桓公非常生气，甚至想要背弃盟约，不归还鲁国土地。

管仲说：“您这样做不对，曹沫对您横刀相向，是您事先没有料到的事情。在当时的处境下，您没有坚持己见，而是选择了妥协，是您的不勇敢；您答应鲁国归还土地，如果不遵守，就会失去信用。如果您背信弃约，这比丢掉鲁国土地的后果还要严重啊！”齐桓公觉得管仲说得很对，只得忍下了被威胁的耻辱，把土地归还给了鲁国。

从那之后，各地诸侯都觉得齐桓公非常讲信用，纷纷前来投靠。齐国因此变得更加强大，齐桓公也成为了春秋五霸之一。

让人拿刀顶在脖子上，被迫归还好不容易才攻下来的土地，这样的事对齐桓公这种心怀天下的霸者来说，绝对可以算是奇耻大辱了。要是齐桓公想要反悔的话，鲁国是绝对没有能力反抗的，但是齐桓公为了大局着想，听从了管仲的建议，把这次羞辱忍了下来，守住了自己的信誉。结果，这样的隐忍反而为其带来了更大的利益。成大事者必需要有成大事的心胸，将目光放长远，自然就对当下的小事不再介怀于心。

第三节　能力不足时，不妨隐忍不发

有些东西应该显露，不仅要让人看见，而且要大张旗鼓地宣扬；而有些东西则只需要自己知道，待时机合适时再一鸣惊人。如果没有足够的实力与对手相抗衡，就不要轻易地暴露自己。隐忍不发不是懦弱，而是免于受损、丰富自己的一种方法。

当你的准备尚不充分时，唯有暂时掩藏锋芒、韬光养晦，才能够保全自己。真正的智者会在必要的时候把自己的雄心壮志隐藏起来，让对方认为自己实力微薄，对他构不成威胁，以此为自己争取积蓄力量的时间。

清朝时期，康熙皇帝14岁亲政，却并没有掌握实权。大臣鳌拜左右朝政，并与康熙的矛盾渐渐激化，终于在苏克萨哈的问题上爆发了出来。

顺治皇帝临终前指定苏克萨哈为顾命大臣，此人位高权重，很难动摇。鳌拜觉得他是自己专权路上的绊脚石，一心想要将其铲除。于是就向康熙进言说：“苏克萨哈心怀鬼胎，想要篡权夺位，臣已经下令将他收押，请皇上下令正法处治。”康熙虽然对鳌拜不满，但无奈大权旁落，只能听从。就这样，鳌拜不仅将苏克萨哈绞杀，还诛杀了他的家人。

这时，康熙才发觉铲除鳌拜势在必行。但是，残酷的现实又摆在眼前。鳌拜不仅大权独揽，而且武艺高强，朝廷上下有很多人都是他的心腹。稍有偏差，恐怕连自己的身家性命都会不保。面对如此强劲的对手，必须想个万全之策。

第二天早朝的时候，康熙面色如常，也不提苏克萨哈的事情，只是给鳌拜加官进爵，还让他的儿子承其福荫。之后，康熙一方面表现出自己软弱无能，让鳌拜放松戒备；另一方面，挑选了十几名亲贵子弟练习摔跤，自己也参与其中。鳌拜看见康熙像个孩子似的跟一帮人扭打在一起，只当其玩物丧志，并未放在心上。

到了康熙八年（1669 年），亲贵子弟的摔跤之术已然练得非常纯熟，而鳌拜对康熙也早已失去戒心。时机终于成熟！五月十六日，待鳌拜进宫时，康熙一个眼神，众人一拥而上，迅速擒住了他。鳌拜想反抗，但为时已晚。随后，他的一众亲信也都伏法，包括要臣遏必隆。

假如康熙皇帝不韬光养晦、隐忍不发，而是急躁冒进，那么历史就是另外一种结局了。孔子在《论语·颜渊篇》中曰：“一朝之忿，忘其身，以及其亲，非惑欤？”不懂得隐藏自己的怒气，就会受到现实的惩罚。真正的君子要善于忍耐，甚至要长时间地忍耐。忍得一时的弱小，才能获得日后的强大。无论何时，这都是一个不争的真理。

第四节　在人生困境中学会忍耐

很多时候人生的困局并不是自己造成的，比如经济形势变化导致的破产，人事调整导致的被离职，等等。这种时候，一味地怨天尤人、向他人发泄愤怒或者像无头苍蝇式的努力除让情绪愈加崩溃外，对脱离困境于事无补。冷静下来，学会选择忍耐和等待，反而是更好的做法。只要你的能力还在，一旦外部环境好转，就会出现转机。

在人生中，我们难免会遇到深陷其中、一时又无力摆脱的困境，那时候最好的选择就是暂时忍耐。因为事态总在转变，困境终会过去。

苏轼是宋朝的大文豪，但是他在仕途上的发展却远远不及他在文学上的成就。面对无奈的人生，苏轼只能说出“回首向来萧瑟处，归去，也无风雨也无晴”这样的词句。

当时，李定掌管着御史台。而他在做泾县主簿时，隐瞒庶母仇氏之死，而未辞官守孝。苏轼知道此事后，写诗讽刺。御史因此得知此事，上书皇帝要求查办李定。后虽王安石力保，李定仍被迫辞官，声名受损。因为这件事，逃过一劫的李定和苏轼结下了梁子。

十年时间转瞬即逝，再入官场的李定官运亨通，一直做到了御史中丞。而苏轼则仕途不顺，仅是在浙江湖州当知府。为了雪耻，李定把苏轼十年来刊印过的诗集收集起来，咬文嚼字、牵强附会，诬陷苏轼作的是反诗。宋神宗相信了李定的话，把苏轼押回了京城。不仅如此，李定还派人把苏轼的儿子也抓了回来。

苏轼被关进了御史台。按照李定的授意，皇甫僎对苏轼百般虐待，目的就是为了逼迫苏轼有所异动，然后找借口把他处死。

苏轼的儿子对皇甫僎的做法极为愤怒，想要前去理论，苏轼劝阻儿子说："孩子，你不要中了他们的奸计啊！《易经》有云：'尺蠖之屈，以求信也。龙蛇之蛰，以存身也。'（尺蠖之所以收缩身躯，就是为了下一次更好地伸展；龙蛇之所以在冬天蛰伏，就是为了保存性命。）现在咱们父子人在屋檐下，唯有忍辱负重，才能保全性命。否则就会中了他们的毒计，那时我们可就真的只有死路一条了。"

最终，苏轼抗住了李定的百般虐待，他也在多方有志之士的救援下被赦出狱，之后被贬黄州。出狱后的苏轼远离政坛，一心于诗词歌赋，最终成为旷古绝伦的大文豪。而李定和皇甫僎则身败名裂，遗臭万年。

面对受辱的境况，苏轼忍常人所不能忍，最后用自己的坚持战胜了对方。苏轼的故事告诉我们一个道理：很多时候，忍耐就是突破困境的法宝。

俗话说："人生不如意事十之八九。"我们要想在这纷繁复杂的世界里生存，就必须学会忍辱负重，否则，在困境尚未打倒我们之前，我们就已经被悲伤、烦躁、抱怨等负面情绪拖垮了。置身于受辱的环境中，只要忍耐下去，就能迎来最终的胜利。困境中的忍耐，不是妥协，而是在选择接纳后用更理性的态度和方式加以解决。

第五节　永远规避冲动性行为

物无美恶，过则为灾。感情的流露也是如此，务必要适可而止，不至过满则溢。一个人若多理性行事，则需加入感性的调节器，避免少了人情味；一个人若多感性行事，则需加入理性的调节器，避免变成无理取闹。当一些事使你愤怒或悲痛时，你更需要告诫自己要忍住一时之气。只有懂得沉静之道的人，才能摆脱冲动的惩罚，做到深谋远虑。

冲动作为一种生活中常见的情绪，于你我而言并不陌生，我们都曾在冲动情绪的支配下做过一些事后感到后悔，甚至感到不可思议。冲动性行为，永远是对自己的行动失去意志监督的表现。所以说，冲动是魔鬼，它让我们从冷静的人类变成狂躁的野兽，在大多数情况下，它会伤害到我们，让我们犯下不可弥补的错误。

三国时期，刘备历尽千辛万苦，终于得到荆州和东西川。然而，关羽不幸败走麦城，被孙权所杀。刘备闻讯自然是怒发冲冠，发誓要立刻灭掉东吴，为关羽报仇。

赵云劝说刘备：“现在，我们的敌人是曹操，而不是孙权。如果我们与东吴开战，曹操必然会坐收渔人之利。到那时，蜀国的危难就真的来临了。”

但是，刘备已经被仇恨冲昏了头脑，根本听不进任何规劝。他对赵云说：“孙权杀了我二弟和其他大将。我恨不能生啖其肉，夜枕其皮！”

赵云又劝道：“曹丕篡汉是国家大义，兄弟之仇是小义，主公怎能舍大义而就小义呢？”

刘备愤然道：“不为我二弟报仇，纵有江山万里，又有什么用？”

就这样，刘备怀着满腔的愤怒发动了夷陵之战。为了引诱陆逊出战，刘备让吴班先带数千人从前方进攻，自己则带八千精兵从旁边策应。谁知，陆逊早就看穿了刘备的计谋，根本不为所动。陆逊的按兵不动让报仇心切的刘备愈发心急，并且，刘备越是狂躁，陆逊就越是冷静。最终，陆逊抓住刘备在行军布阵上露出的破绽，火烧连营七百里，一战就让刘备的七十多万大军全军覆没。狼狈逃脱的刘备在走到永安的时候患了重病，很快便去世了。

得知噩耗的刘备完全被悲伤和愤怒的情绪所控制，由此导致他失去了应有的理智，做出了冲动的行为，不但复仇未成，还赔上了性命，可谓损失惨重。

任何人都有情绪冲动的时候，若不能很好地忍耐、克制，就会丧失理性，感情用事，甚至忽视社会公平，用个人意志代替社会规则；相反，若在情绪冲动时能及时为自己灭火，待冷静下来后再做决定，就能有效地避免许多不必要的损失和伤害。

第十六章 以退为进，以守为攻

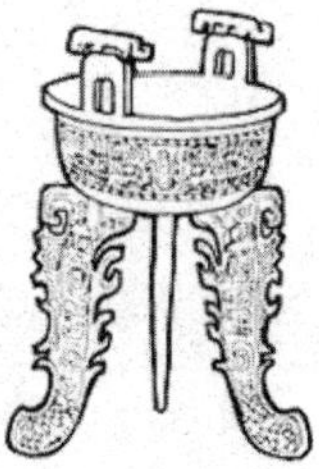

活用历史之『退』智慧

成大事者，要争，更要懂得退。退，是当退则退的果敢，是以退为进的智慧，也是谦退礼让的胸襟。与进相比，退更考验一个人的勇气。做到进可攻、退可守，才能打赢人生这场仗。

第一节　过度坚持是一种错误

在现实生活中，为什么很多人只知前进、不懂退却？因为他们太过执着，并且不辨是非地盲目坚持。很多时候，我们并不需要无谓的执着，那些膨胀的欲望、虚无的名利、不切实际的空想，只会占用宝贵的时间。日复一日、年复一年，别等到年老了才开始感慨壮年的无为和空虚。

一种名叫马嘉的鱼长得很漂亮，银肤、燕尾、大眼睛，一般都生活在深海里，在每年的春夏之交溯流产卵，再伴随着海潮漂流到浅海。渔民捕捉它们的方法很简单：只需在一个孔目粗疏的竹帘下端系上铁，然后放入水中，由两只小艇拖着拦截鱼群；马嘉鱼的“个性”很强，一旦闯入罗网便不会逃出，于是一只只马嘉鱼“前仆后继”地陷入竹帘孔中，竹帘缩得越紧，马嘉鱼越是拼命地往前冲，结果被牢牢卡死，最终被渔民捕获。

在现实生活中，有很多人像马嘉鱼一样，不顾实际情况，坚信坚持到底一定会胜利。殊不知，坚持是一种精神，而过度坚持则是一种错误。它很可能会适得其反，导致更大的灾难。

远古时代，大神后土的子孙夸父族住在载天山上。这座高山被称为世界上最荒凉的角落，毒蛇猛兽横行。夸父是夸父族的首领，他才高过人、力大无比，为了不让自己的族人生活得凄苦，他常与洪水、野兽搏斗，还常常把凶恶的黄蛇挂在自己的耳朵上，以此为荣。

有一年，天气大旱，火辣辣的阳光直射在大地上，庄稼被烤焦，河水被蒸干，族人只能强忍着太阳的毒热。夸父无法忍受族人受此折磨，发誓一定要捉住太阳。

一天，太阳刚刚越过地平线，夸父就从东海边出发，跟着太阳的踪迹，拼命地追赶。饿了，就吃个野果；渴了，就喝口河水；累了，就打个盹儿。他一直在心里鼓励自己：“快了，就要追上了。”然而，他追了九天九夜，太阳仍然在他的头上，不远也不近。

夸父翻过了崇山峻岭，跨过了九曲河流，终于在一个山谷就要追上太阳了。夸父兴奋极了，他激动地伸出手去触摸太阳。没想到由于情绪太激动，连身体也跟着摇晃起来，突然间，夸父感到头晕目眩，竟然晕了过去。等他醒来时，太阳早已经不见了。

再苦再累，夸父也不松懈气馁。他鼓足勇气，又一次出发了。此时，情况更加糟糕，因为离太阳越近，温度就越高。夸父觉得越来越焦躁难耐，他整个人都快被蒸干了，他需要大量的水。于是，夸父挣扎着站起来，走到东南方的黄河边，弯下腰猛喝黄河水。由于夸父太渴了，黄河水一会儿就被他喝干了。他又去喝渭河里的水，没想到，喝干了渭河里的水还是不解渴。于是，他打算向北走，去喝一个大泽里的水。

夸父没有想到，只要他一直追赶太阳，他就永远也不会解渴。他实在太累、太渴了，当他走到中途时，身体再也支撑不住了。他终于倒下了，再也没有醒过来。

太阳是永远存在的。夸父是在不切实际的情况下坚持自己的想法，这种坚持是永远不会成功的。很多人相信事在人为，但如果一开始就只是痴心妄想，那么坚持得再久也只是在做无用功。放下无谓的执着，懂得及时地退出，才能避免损耗生命。

第二节 在错误的道路上果断转身

人在一生中会爬很多座山，每一座山都有独特的风景，但并不是每一座山都适合自己。当你发现自己无论如何也到达不了山顶，或者山路已经损坏时，及时下山才是明智之举。况且，不走下这座山，又如何能够看到其他山上的风景呢？我们要将退的主动权掌握在自己手中，不要等到毫无转圜的余地时，由环境强迫着选择，那时只会追悔莫及。

很多时候，即使太阳已经落山，人们依旧贪恋山尖的风景而不愿意下山。就如同明知道已是“强弩之末”，却仍不愿意放手一样。留恋再久也看不到美丽的风景，耗时再多也无法改变境况。此时，我们更需要做的是当退则退。唯有如此，才能最大限度地保有现存的资源。当退则退是一种智慧，也是成大事者气魄的体现。

东汉末年，官员腐败，社会黑暗，地方割据严重，天下一片大乱。曹操想力转乾坤，无奈自己力量微弱，根本改变不了天下大势。见此，他选择了退出官场。曹操辞官之后，朝廷曾一度想要再次任用他，但是曹操已经看清了官场的腐败，坚决称病不出。

后来，冀州刺史王芬、南阳许攸、沛国周旌等人相互勾结，企图废掉汉灵帝，改立合肥侯为皇帝。他们把这件事告诉了曹操，想让曹操和他们共举大事。但是，曹操看他们无德无能，又没有大人物的支持，落败是迟早的事，于是，果断地拒绝了他们。正如曹操所料，没过多久，这些人的阴谋就被汉灵帝发现，很多人因此被杀。

几年后，汉灵帝亡故，汉少帝继位，太后在幕后执掌大权。在外带兵的董卓趁乱闯进宫来，废了汉少帝，改立汉献帝，并自封太师。

董卓为了拉拢曹操，给了他骁骑校尉的官职，但是曹操认为董卓恣意妄为、不得人心，终究难以成就大事。于是，他一面假装为董卓办事，一面伺机逃出了京城。后来发生的事情又一次证明曹操的判断是正确的。董卓被部将吕布所杀，董卓的心腹们无一幸免。

虽然曹操想要在乱世中创出自己的事业，但是他并不急于求成、冒失前进。当他认为时机不好时，能够及时退出，毫无留恋。这种当退则退的做法，源自他理性的判断，也源自他果敢的气魄。时机不对硬是迎难而上，那不是勇敢，而是愚蠢。当你发觉自己选择了错误的道路时，越快退出才能越早步入正轨。

第三节 以退让的姿态作为进取的阶梯

以退为进，是以退让的姿态作为进取的阶梯。现如今，以退为进常用于商务谈判中，即己方先满足对方的要求，作为回报，对方也会满足己方的某些要求，而这些要求正是己方的真实目的。在实施策略时，我们要注意使用替己方留下讨价还价的余地、不要让步太快、不做无谓的让步等技巧，如此才能最大限度地发挥出它的作用。

人生有时候需要高歌猛进，有时候则需要暂时退让。目光长远的人，从不介意在适当的时候妥协退让，尤其是在双方实力悬殊的时候，先退后才能更好地前进。

公元前209年，北方匈奴冒顿取代其父，成为新的首领。邻国东胡国国王觉得冒顿得位不正，想要趁机敲诈，便派使者去往匈奴。东胡使者来到匈奴后，大摇大摆地来到冒顿营中，直接向冒顿索要头曼单于生前所骑的千里马。冒顿召集群臣商议此事。

大臣们都说："千里马是我们匈奴国的宝物，不能给他。"语气怒不可遏，大有与东胡一决高下之意。只有冒顿一言不发，他静下心来想了想，然后摆摆手说："我们和东胡是邻国，往来频繁，怎么能因为一匹马而把两国的关系闹僵呢？"于是，冒顿下令将这匹千里马送给了东胡使者。使者带着马，高兴地回去了。

东胡国王见状，以为冒顿果真是软弱可欺。没过多久，他又派使者来到了匈奴，这一次索要的是一名冒顿宠爱的妃子。冒顿又召集群臣商议。面对东胡国王的得寸进尺之举，大臣们无比愤怒，纷纷请求冒顿出兵讨伐东胡国。可是，冒顿却说：“不能因为我的宠妃而让百姓陷入战乱。”他把自己的宠妃也送给了东胡王。

东胡王见冒顿要什么给什么，心中不禁狂喜。于是，他再一次派使者出使匈奴，向冒顿索要土地。这片土地处于匈奴和东胡两国之间，方圆一千里，是一片杳无人烟的荒地。冒顿再一次召集群臣商议。有的大臣说：“既然是一块没有人居住的土地，东胡想要，就给他们吧。”可是这一次，冒顿却坚决反对。他厉色说道：“土地是国家的根本，怎能轻意送给他人？左右！把东胡使者给我拿下！”这一次，冒顿不仅杀了使者，还亲自率兵讨伐东胡。

自从顺利得了宝马、美人，东胡王便认为冒顿是个软弱无能的人，他做梦也没想到冒顿竟然敢来跟自己打仗。因此，当匈奴大军突然杀过来的时候，东胡人被打了个措手不及，很快便溃不成军。冒顿并没有就此罢休，而是乘胜追击，亲手杀死了东胡王。自此，冒顿洗刷了被东胡夺宝马、占宠妃的耻辱，并一举吞并了东胡的领地。

冒顿虽然年纪不大，头脑却非常灵活。他心里很清楚，自己刚刚夺得单于之位，政权不稳，现在还不能与东胡抗衡。于是，他表面上采取了退让之策，先遵从对方的要求，让对方从己方的退让中得到心理上的满足、思想上的放松，然后再争取主动、反守为攻。最终，他用以退为进的策略，取得了自己想要的胜利。

第四节 功成身退，不贪恋身外之物

功成身退，意味着要承受极大的落寞。这时候，拥有平和的心态很重要。“退”是一次结束，但同时也是一次新的转机、新的开始，你可以重新拾起自己的生活情趣，比如去陪伴一下家人、朋友，发展、完善自己的爱好，尝试一下一直没时间去做的事，这何尝不是一种幸福、一种收获？

人们常说：“高处不胜寒。”一个人的地位太高、收获太多，就是危险来临的时候。该做的事已经做完，该得到的东西也已经得到，若还继续贪图身外之物，就会被这些东西困住。不如功成身退，去守自己心里的一方宁静。

春秋时期，燕国人蔡泽自认为深具才华，却无赏识他的伯乐。后来，听说范雎保荐的郑安平、王稽两人都在秦国犯了大罪，范雎心里深觉愧疚，他就向西来到秦国。为引起范雎的注意，蔡泽刚到秦国就大肆宣扬自己才华横溢，文韬武略无所不能，并扬言只要他能见到秦王，就能取代范雎相国的位置。

范雎听闻此事，就把蔡泽叫到了自己府上。他对蔡泽说：“你曾说可以取代我相国的位置，让我听听你的高见。”

蔡泽说：“倘若落得秦国商鞅、楚国吴起、越国文种那样的结果，您愿意吗？”

范雎说：“有何不可呢？此三人的行为是忠义的最高体现。士人本来就有以牺牲生命来成就自己声名的责任。只要大义所在，纵然抛头颅、洒热血，也在所不惜。”

蔡泽说：“君主圣明，臣子贤能，这是国家之福；父亲慈爱，儿子孝顺，丈夫讲信义，妻子有贞节，这是家庭之福。但是忠君爱国也是有限度的，例如比干辅佐商纣王，却让殷商走向灭亡；伍子胥是贤能之臣，却无法带领吴国走到最后……可见，有德之臣也无法保证国家的长治久安，这是因为他们的君主不贤明。商鞅、吴起、文种作为人臣，做得对；但那些君主却错了。所以，世人称这三人有忠孝之功却不得好报，难道要羡慕他们不得好报而白死吗？一个人建立功业后，如果既能够保全性命又能够赢得美名，这才是最成功的；如果声名可作后世典范，而自身性命不能保全，这是次一等的；如果声名被人诟辱，而自身性命得以保全，这是下等。”范雎听蔡泽说得在理，就点头表示赞同。

蔡泽接着指出：“如今，您的君主亲近忠臣不如秦孝公、楚悼王、越王勾践，您的功绩比不上商鞅、吴起、文种，然而您的官位已极其显贵，财富也远超他们三位，如果自己不知身退，恐怕遭到的祸患要比他们三位更惨重。”

过了几天，范雎拜见秦王，对他说：“臣有位新来的客人蔡泽，此人善于雄辩，满腹韬略。臣阅人无数，没有人能出其右，臣自愧不如。”秦王召见了蔡泽，果然非常欣赏他，并任命他为客卿。范雎借机称病不朝，辞了相位。

蔡泽的话为范雎敲响了警钟：月圆则亏，盛极则衰，这是自然规则；

功成名就之后，过多地在意当前的地位，却不知功成名就后要离开的道理，就会招致祸患。高明的人懂得克制自己的欲望，在成功之后及时退出，见好就收。否则，好运背后也许就伴随着更大的危险，当你还沉浸在喜悦中的时候，无情的现实就会把你打得遍体鳞伤。

第五节　鹬蚌相争时抽身而出

“鹬蚌相争，渔翁得利”，是利用对方内部的矛盾来解决问题的典范。它要求“渔翁”首先要对事物的发展趋势有一个正确的判断，对双方乃至多方的情况了然于胸；其次要能沉得住气，耐心地等待对方因争执而两败俱伤。抽身而出，不仅避免了自身的消耗，还可享受到非一人之力可取得的成果。

成大事者，应怀大志于沉隐中，不应沉溺于眼前利益而迷失大局。鹬蚌相争，抽身而出；一方既失，纵身而动，此乃顺势而为的智者。

官渡战败后，袁绍耿耿于怀，终积郁成疾，于建安七年（202 年）呕血而死。其时，袁氏集团仍有很强的实力，但袁绍的几个儿子却不同心协力，共继父业，而是忙着各自扩充实力。其中以袁尚、袁谭之间的矛盾最为激烈。

另一方面，曹操让军队先休整了一段时日，然后利用袁尚、袁谭之间矛盾冲突加剧的机会，渡过黄河，北上征伐。建安七年九月，曹军攻打屯兵黎阳的袁谭，袁谭无力抵抗，情急之下，只好向袁尚告急求援。袁尚欲分兵助兄，又怕袁谭借兵不还；但若坐视不管，又怕黎阳有失与己不利，只好让审配留守，自己亲率大军救援黎阳。次年二月，两军大战于黎阳城下，结果，袁谭、袁尚、袁熙、高幹（袁绍外甥）全部大败，放弃黎阳，退保邺城。曹操占据了冀州的重要门户黎阳，为进一步消灭袁氏集团创造了有利条件。

在屡战屡捷之下，曹军诸将都请战乘胜追击，要一举拿下邺城。唯独郭嘉在大家的兴头儿上，出人意料地提出了停止攻击、南征刘表的方案。众人对此迷惑不已：当年在下邳攻打吕布时，就是采用了郭嘉的急攻战术，在敌人人困马乏的情况下，围攻两月，终于擒杀吕布；现在二袁已露败相，只要围住邺城，奋力强攻，破城指日可待。此时撤军调头南下，远征刘表，岂不是给了二袁以喘息的机会？

对此，郭嘉自有他独到的见解，他很有把握地解释说："袁绍生前最喜爱这两个儿子，究竟立谁继业，一直没有定下来。有郭图、逢纪这分属两派的人做谋臣，肯定会让他们兄弟二人内争不断，最终相互分离，反目成仇。此时如果攻势过猛，他们一定会团结一致对付我们；假若暂缓进攻，他们就会为争权夺利而自相残杀。所以，我们不如掉头向南，假装去荆州讨伐刘表，以观其变。等到他们内部发生变乱后，我们再出兵击之，便能一举平定河北了。"

听了郭嘉的解析，众人连声称赞，曹操欣然采纳。建安八年（203年）八月，曹操下令南征刘表。退军南下后，曹操留下贾信守黎阳，曹洪守官渡，自己回许昌，一路南下，装出进攻刘表的姿态。此时的曹操虽然挥师南下，却是一步三顾，时刻注意着二袁的动静。当曹操率军开拔到西平（今河南西平县西）时，便接到袁谭派辛毗前来请求投降的消息。

原来，事态正如郭嘉所料。曹军南撤后，胆战心惊的袁谭、袁尚可谓大喜过望。紧接着，兄弟二人便开始了对冀州的争夺。因为军队装备之争，袁谭在部下的挑唆下，领兵攻打袁尚，结果大败而归，只得逃到平原（今山东平原南）。而袁尚又领兵追踪而至，四面合围。袁谭眼看城破将损，一时间无计可施，只好听从郭图的建议，派辛评的弟弟辛毗向曹操投降求援。

曹操见二袁果然相争，心中万分高兴。在一番恩威并施的试探后，应允袁谭的求降，并立即出兵救援。为了进一步拉拢袁谭，当年十月，曹操赶到黎阳，与袁谭结成儿女亲家。袁尚得知曹军北渡黄河后，急忙放弃围攻平原，退回邺城。

建安九年（204 年）二月，袁尚又出兵攻袁谭，留下苏由、审配守邺城。曹操乘机出兵，进军至洹水时，苏由率部降操。如此，守城二将中，一将已破。曹军直捣邺城，审配坚守不出。曹操让曹洪继续攻城，而自己统军扫清外围，并在邺城周围挖了一条长 40 里、深宽各 2 丈的壕沟，引漳水灌入沟中，将城围住。因城内给养不足，军民饿死大半。此时，袁尚不得不率主力部队回撤，救援邺城。但不料途中又遭曹军伏击，袁尚只得仓皇逃至岐山，后至中山。最后，由于曹军一路追击，袁尚竟率残部逃往幽州，依附次兄袁熙去了。同年八月，审配的侄子审荣在一夜守城时大开城门，迎接曹军入城。邺城破，审配亦被处死。

在曹操攻打袁尚时，袁谭趁袁尚回撤得以喘息，并攻掠了河北诸多地区。谁知，曹操攻占邺城后，继续挥戈北进，转而进攻袁谭。袁谭初战不利，便退保南皮（今河北南皮县东北）。建安十年（205 年）正月，曹军冒着严寒进击，一举攻克南皮，处死了袁谭、郭图。

至此，冀、青二州皆为曹操占据。随后，曹操又再次北上，进击幽州的袁熙、袁尚。二人早已成惊弓之鸟，闻风逃奔至辽西乌桓。这样，幽州也落入了曹操之手。郭嘉精心谋划的巧平二袁之计，至此已经全部实现。

郭嘉此计可谓“鹬蚌相争，渔翁得利”的典型。若当时直接乘胜追击二袁，以曹操的实力，似乎也能取得成功，但强攻硬拼必然要付出很大的代价。对于袁氏集团而言，由于曹操大兵压境，内争便会退居次要地位，他们二人必会先合力对抗曹操。而曹操的退出则淡化了曹、袁矛盾，反而为袁氏内部的矛盾提供了激化的条件和土壤，从而实现了借敌人之手削弱敌人的实力，坐收渔人之利的目的。

第十七章 万物之根，以和为贵

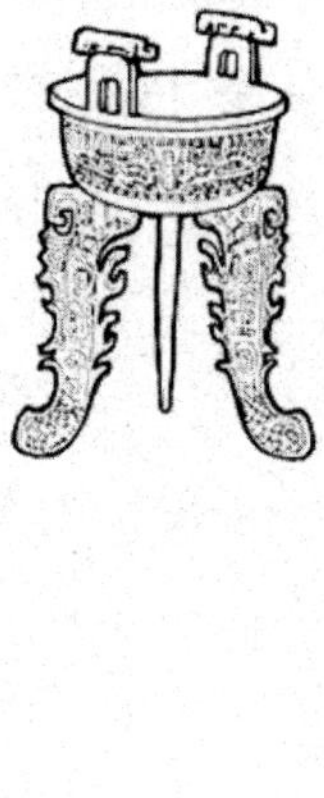

中国自古以来就是礼仪之邦，其中“礼”的最高境界就在于一个“和”字，可见“和”是一种有礼的处世原则。万事万物的发展也都离不开“和”：家和为兴，友和为贵，人和则胜。“和”是每个人发展的基础，也是成大事的条件，只有人与人、人与自然之间和谐了，世界才能有序地向前发展。

第一节　和谐是处世的第一选择

为人处世不在于一时的勇猛，而在于长久的发展。放下好斗之心，时刻把和谐作为自己与人打交道的第一准则，才能在进取的道路上走得更平稳。

古人云：“兵者，凶器也，不得已而用之。”意思是说，战争是一件凶险的事情，不到万不得已的时候最好不要挑起争端。任何时候，争斗都是弊大于利的。所谓“两虎相争，必有一伤”，伤害别人的同时，自己也会消耗大量的精力。不和之人越多，处境也就越艰难。因此，不到万不得已的时候，不要轻易与人为敌。要记住，和谐才是你处世的第一选择。

汉高祖刘邦建立汉朝后，在关于把都城定在长安还是洛阳的问题上，犹豫不决。大臣娄敬向刘邦进谏说：“当年成王、周公营建东都洛阳，是因为那时候天下太平，周王室威望极高，因此没有倚重险要地形来巩固政权的必要。现如今，大局虽定，但隐患甚多，一旦天下有变，战事再起，洛阳无险可守，就危险了。由此看来，陛下还是入都关中的好。”

听了娄敬的提议，刘邦让群臣复议。张良说：“娄敬之议甚好，他不主张定都洛阳，是担心刺激起有野心之人造反的欲望，陛下不可大意。”于是，刘邦下定决心定都长安，对娄敬也是大加封赏。自此以后，娄敬逐渐被重用。

公元前200年，韩王信反叛，刘邦御驾亲征。当大军走到晋阳时，韩王信听说天子亲自率军前来，便与匈奴联手，想要依靠匈奴的力量打败刘邦。刘邦自恃兵多将广，当即准备出兵讨伐匈奴。娄敬在军中随行，他对刘邦说：“韩王信的叛乱我军尚未平定，如果陛下现在讨伐匈奴，那就是腹背受敌，我军的胜算将大大减少。陛下应当集中全力对付韩王信。等我们解决了韩王信之后，再解决匈奴的问题。”

刘邦决定先派人出使匈奴，探察虚实。匈奴为了蒙蔽汉朝，把青壮男子和肥健牛马全都藏了起来，让娄敬看见的都是些老弱妇孺。娄敬识破了匈奴的计策，回来对刘邦说：“匈奴故意隐瞒实力，是想让我们上当啊，陛下千万不能与匈奴交战。”其他出使匈奴的使者却说：“匈奴欺我太甚，陛下怎能受番邦的侮辱呢？我朝兵强马壮，一战必可大胜匈奴，望陛下不要怯战。”娄敬当然不同意他们的说法，在刘邦面前据理力争。但是刘邦心高气傲，认为娄敬在动摇军心，竟然给娄敬加上刑具，关在了广武的监牢里。

下了狱的娄敬忧心如焚，痛哭流涕地说：“陛下不忍小辱，与强敌死拼，不知有多少将士要赔上性命了。”

当刘邦率军到达平城的时候，匈奴大军精锐尽出，把刘邦的兵马团团围住，刘邦在包围圈里被困了七日七夜才侥幸逃脱。回到广武后，刘邦立即赦免了娄敬，并对娄敬沉痛地说道：“先生说的都是金玉良言，可惜朕没有听进去，以致蒙受大辱，损兵折将。朕愧对先生！”

娄敬说：“此番受辱，陛下更应吸取教训，再不能轻易与匈奴开战了。匈奴全民皆兵，极不好惹。但是只要陛下巧于应付，斗智不斗力，我们就可以稳住匈奴，徐图后计。”

反叛的韩王信失败之后到了匈奴境内。在他的唆使下，匈奴人屡屡骚扰汉朝边境。面对时时报来的边关急件，刘邦再次忍受不住，他对群臣说：“大敌当前，看来终不能免于一战啊！朕想倾全国之力，与匈奴决战。”

群臣意见不一，有的主战，有的主和，而娄敬则提出了新的建议。他说：“用武力征服匈奴是不现实的，且匈奴人都是些化外之民，跟他们讲仁义也没有用。臣有一计可制服匈奴，让他们对我大汉俯首称臣。”

刘邦急忙追问道：“既然有这么好的办法，先生还不快快讲来。”

娄敬面有难色，恳求道：“若施此计，陛下当忍下小辱，臣请陛下万万息怒。”

刘邦一口答应。娄敬说：“匈奴强大，只可智取，不可强攻。陛下若能将公主嫁给匈奴的单于并赠送嫁资，将来公主所生的儿子便是匈奴的太子，日后便是匈奴的单于。这样一来，匈奴的单于就是陛下的外孙，外孙自不能与外公为敌，匈奴之患不是从此消减了吗？”

听了娄敬的话，刘邦默然无语。最后，刘邦另选了其他女子假充公主嫁于单于。和亲之后，匈奴果然停止了攻击，汉朝得到了发展壮大的机会。

古往今来，穷兵黩武的国家没有一个有好下场的。尤其是在自己还不够强大的时候，更要极力避免与他国发生冲突。势弱时去争斗是一种愚蠢，势强时去争斗则是一种盲动。所以，无论何时何地，和谐都是成事的第一选择。正因为如此，娄敬才建议刘邦忍和亲之辱，以表面之亲换取国家长久之安，减小由争斗带来的损失。

第二节　和谐是团队发展的必要元素

个人利益和团队利益从来都不能分割开来。每个人都是大环境中的一份子，没有和谐的环境，又如何企求个人有更好的发展呢？所以，为团队和谐贡献力量，就是在为自身的发展提供帮助。假如每个成员都具备这样的和谐观，那么团队和个人都必将能获得良好的发展。

古往今来，任何一个人想要进步，任何一个集体想要发展，和谐都是不可或缺的元素。如果一个人把精力都花在了与别人的争斗上，一个集体的资源被内部争斗消耗殆尽的话，那么所谓的发展也只能是水中月镜中花了。

战国时期，秦国强大，赵国弱小，秦国始终有吞并赵国的野心。为此，秦昭襄王频繁派兵攻打赵国，一点点地蚕食着赵国的土地。

公元前 279 年，秦昭襄王准备在渑池约见赵惠文王。对于是否赴约的问题，赵惠文王很犹豫。但是，赵国的谋臣蔺相如和大将廉颇都认为必须去，不去就是赵国在向秦国示弱。赵惠文王只能鼓足勇气启程去渑池。为了以防万一，蔺相如随侍在赵惠文王身旁，李牧率领五千兵士护送，平原君率领几万名兵士在赵国边境整装待发。

在渑池之会上，秦昭襄王对赵惠文王说：“听说赵王鼓瑟技术非常好，不妨弹奏一曲，为大家助助兴。”没等赵惠文王回答，就吩咐手下把瑟拿了上来。赵王无奈，只好弹奏了一曲。秦国史官当即把这件事记了下来，并且读了一遍：“某年某月某日，秦王和赵王在渑池相见，秦王命令赵王鼓瑟。”这令赵惠文王非常生气。

见此，蔺相如也拿出一个缶来，跪在秦昭襄王面前，说：“听说秦王很会击缶，不如为大家击打一曲，给大家助助酒兴！”秦昭襄王非常生气，对蔺相如不加理会。蔺相如大喝道：“大王未免欺人太甚！大王的兵力虽然强大，但是我和大王相隔只有5步，如此近的距离，我身上的鲜血都可以溅到大王身上！”秦王惊讶于蔺相如的威胁，不得不拿起缶，胡乱地敲了几下。

蔺相如马上叫来赵国史官，让他把这件事记下来，并且和秦国史官记录得如出一辙。

秦国的大臣见状哪里肯罢休，有人站起来说：“请赵王割让15座城池为秦王献礼！”蔺相如也不甘示弱：“请秦王割让咸阳给赵王献礼！”一时间，气氛剑拔弩张。秦昭襄王早就探知赵国大军驻扎在附近，如果兵戎相见，恐怕也讨不到便宜，便只好隐忍了下去。

蔺相如在渑池之会上立了大功，赵惠文王非常高兴，一回国就拜他为上卿。

廉颇得知此事后非常生气，私底下对自己的手下说：“我是赵国大将，为赵国南征北战，立下了汗马功劳。而蔺相如只会动嘴，小小功劳，竟然就成了上卿，比我的官儿还大。等我见到他，一定要好好羞辱他。”

蔺相如听说这件事后就装病不去上朝了。但是冤家路窄，有一次，蔺相如带着自己的门客准备出去，恰巧看见廉颇的车马迎面而来。蔺相如马上下令自己的车队退在一旁，请廉颇先过去。

蔺相如的手下非常生气，认为蔺相如胆小怕事。蔺相如反问他们：“廉颇和秦王比，谁的势力更大？”众手下不假思索地回答：“当然是秦王的势力大。”蔺相如说：“全天下的诸侯都怕秦王，但是我不怕。我既然敢当面指责秦王，又怎么会害怕廉颇将军呢？你们也许不知，秦国之所以不敢来侵犯我赵国，就是因为我和廉颇将军两个人同时在。如果我们两个人失和，被秦国知道了，他们就会派兵来攻打我们。为了国家，我也不能得罪廉颇将军。”

这段话传到了廉颇的耳朵里。廉颇听后非常惭愧。他是个直性子的人，知道自己做错了，干脆裸着上身，背着荆条，来找蔺相如请罪。蔺相如赶忙扶起他说：“我们两个人都是赵国的大臣，食君之禄，担君之忧，我已经非常高兴了，您怎么能来向我赔礼呢？”

自此之后，廉颇和蔺相如成为知心朋友，全心全意地辅佐赵惠文王。

面对廉颇的挑衅，蔺相如选择了顾全大局，处处忍让，最终用自己的一片真诚之心感动了廉颇，双方和解并且成为至交，也成就了“将相和”的千古佳话。

对个人而言，与外界和谐了才能为自己营造出良好的发展环境；对集体而言，身处其中的成员彼此之间融洽和谐，才会产生正向的合力，从而带动整个团队的发展。所以，团队的管理者有必要采取措施防止团队内耗，而团队成员则需要以大局为先，为团队和谐贡献出自己的一份力量。

第三节　只有和气待人，才能广受欢迎

人与人之间生来就是平等的，没有人天生就比别人强。摆架子、甩脸子，这都是庸人所热衷的事。真正有德行的人，都懂得和气待人。要想做到时时以和待人并不是一件容易的事，这需要我们平时注意收敛自身的情绪、扩宽自身的胸襟，忌简单粗暴、意气用事，逐步磨砺心性。

在人际交往中，我们都喜欢和那些谦逊友好的人相处。试想，一个言语带刺、尖酸刻薄的人，有谁会愿意接近他呢？所以，要想在社会中少碰壁、多顺途，就一定要记住一个道理：无论你的权力有多大、地位有多高，只有和气待人，才能广受欢迎。

晋朝时，张宾的父亲张瑶曾为中山郡太守，权力很大。

张宾年少有志，看着父亲在官场中浮浮沉沉，便对父亲说：“这些年，您的官越做越大，却总有人暗中攻击您，您应该想办法解决好这件事啊！”

张瑶不以为意：“做官难免招人非议，用不着感到奇怪。”

张宾却十分认真地说：“并不是所有做官的人都令人生厌。父亲您把官位看得太重，处处讲排场、摆威严，对待故友邻侍也大多以官架子

示人，让对方感受不到您一点儿和气，我想这才是您招人非议的原因。”张宾的话让父亲无言以对。从此，父亲对张宾十分看重。

后来，张宾成了中丘王的管事人。这个职位品级不高，权力却不小，而且颇有油水。对于这样一个人人眼热的职位，张宾却很不满意。他对朋友发牢骚说：“我有才学，当谋大业，如今只是管闲事而已，我不甘心哪！”朋友劝他说：“人生在世，不过为了吃穿二字。你现在衣食无忧、有权有势，还有什么不满足的？”张宾知道朋友是好心相劝，也就不加辩驳。但没过多久，他就称病辞了官。

永嘉大乱之后，羯族将军石勒做了辅汉将军，南下山东。张宾对自己的亲人说：“现在天下大乱，诸侯并起，但是据我观察，在所有人之中，只有石勒可以成就大事。”亲人询问缘故，张宾说：“石勒虽有权势，但不张扬，仍旧和气待人。他知道争取民心，不滥用自己的权势，这不是一般人能够做到的。”于是，张宾主动投奔石勒，做了他的谋士。

一次，张宾诚恳地对石勒说：“将军争夺天下，一定要务实弃虚，否则大事难成。”石勒问：“怎样才算务实弃虚？先生可以明示吗？”张宾解释说：“务实者，重在扩充实力，占据要地，不作无谓之争；弃虚者，重在不贪高位，摒弃虚名，着重于完成实事。时下，人人急着称王称霸，这就是不务实而爱慕虚荣的表现，将军万不可跟他们一样。”

在张宾的辅佐下，石勒建立了赵国（后赵）。为了表彰张宾的功劳，石勒封他为濮阳侯，官至右长史、大执法，而且对他说：“你功勋卓著，这些都是你应得的。如果你另有所求，我也一定满足你。”张宾说：“陛下的信任就是对臣的最大封赏，臣别无所求了。封赏是陛下的恩赐，臣不敢推辞，却不能以此为倚仗。”从这以后，石勒对张宾更加敬重了。

张宾是这样说的，也是这样做的。他认为，现在所担任的官职不是与生俱来的，也不可久任，因此没有理由因为自己身居高位就轻视他人。所以，他对待同僚十分谦逊、礼让有加，对下属也从不大声呵斥。虽然位极人臣，但是对待士人却极为优待，无论何人想要见他，他一律热情接待，推心置腹地跟对方讲话，从来不摆官架子。

有一次，张宾的下属对他说：“大人高高在上，如果对人过于和气的话，会有损大人的官威。”听了这话，张宾不怒反笑：“权势带来的东西是有限的，做大事还是要靠做人的良心和道义。我就是个普通人，哪有什么官威可言呢？你以后不要再对我说这样的话了。”张宾的这番话令下属汗颜，再也不敢提类似的建议了。

张宾病故时，无论是朝廷同僚还是黎民百姓，都来为他送行。送葬的队伍绵延几十里，场面十分浩大，人人都称颂张宾是个百年难遇的好官。

张宾是十六国时期名满天下的谋士，史书称其一生“机不虚发，算无遗策，成勒之基业，皆宾之勋也”。像张宾这样一生顺风顺水、死后万人哀悼的谋士在历史上是极其罕见的。之所以能获得世人如此认可，在于他始终秉承一个“和”字，从不让自己德行有失。倘若我们都能像张宾一样待人和气、尊重有加，又有谁会不喜欢我们呢？

第四节 得理让人，从容化解纠纷

于情不偏激、于理不过头，知谦退、懂礼让，这才是有德者的为人之道。在与他人相处时，即使处于绝对优势，也不必得理不饶人。我们不必为了一些小矛盾与人争论不休，也不必非要把一些小事弄得水落石出，或因为一些不重要的批评而耿耿于怀。时时秉持一颗谦逊礼让的心，才能避免双方发生不必要的争斗，使矛盾和纠纷化解于无形。

在生活和工作中，我们不能处处都想争胜。只知争强好胜，路就会越走越窄；懂得谦退礼让，人生才能豁然开朗。礼让是一种不难做到的美德，你敬他人一尺，他人回敬你一丈。你在给他人留空间的同时，也给自己留下了余地。

康熙年间，张英任文华殿大学士、礼部尚书。他对父母特别孝顺，在朝为官时就把父母安顿在家乡；只要稍一得闲，就会回家探望。

有一次，张英回家探望母亲，看见房子有些破损，就找人修理房子。等到一切准备就绪，张英才安心离开了家。张英前脚儿刚走，隔壁住着的吴家人后脚儿就来拜访。原来，吴家也想扩建一下自己的房屋，并想把两家之间的空地占为已有。但是张英在做准备的时候已经把那块空地划在自己家的范围内了。这样一来，两家就发生了争执，谁都不肯退让。

张英母亲一怒之下就给张英写了封信，让他马上回家处理这件事。张英读完母亲的书信后，只回了一首短诗：“千里修书只为墙，让他三尺又何妨？万里长城今犹在，不见当年秦始皇。”母亲读完张英的信后，当即就明白了儿子的意思：为了三尺土地，气坏了身子，伤害了和气，岂不是太过不值？不如退让一步。

于是，张英母亲主动把自家的墙退后了三尺。吴家人看到张家的做法后深感惭愧，也主动把自家的墙退后了三尺。如此一来，两家之间就空出了六尺宽的巷子，也就有了流传至今的“六尺巷”的故事。

在过去，身居高位而仗势欺人的事时有发生；为了一点儿小利而撕破脸皮、相互斗狠，有时甚至赔上性命的事也屡见不鲜。但张英却摒弃恶习，修身立德。他尊重邻居，让了三尺；邻居受到感动，也退了三尺。大家都知礼让，邻里关系自然也就和睦了。尊重别人就是尊重自己，与人方便就是与己方便，这就是礼让的学问。